John Herbert

Um Gentleman no Palco e na Vida

GOVERNO DO ESTADO DE
SÃO PAULO
RESPEITO POR VOCÊ

Governador	Geraldo Alckmin
Secretário Chefe da Casa Civil	Arnaldo Madeira

Imprensa Oficial do Estado de São Paulo

Diretor-presidente	Hubert Alquéres
Diretor Vice-presidente	Luiz Carlos Frigerio
Diretor Industrial	Teiji Tomioka
Diretor Financeiro e Administrativo	Alexandre Alves Schneider
Núcleo de Projetos Institucionais	Vera Lucia Wey

Fundação Padre Anchieta

Presidente	Marcos Mendonça
Projetos Especiais	Adélia Lombardi
Diretor de Programação	Rita Okamura

Coleção Aplauso Perfil

Coordenador Geral	Rubens Ewald Filho
Coordenador Operacional e Pesquisa Iconográfica	Marcelo Pestana
Revisão	Andressa Veronesi
Projeto Gráfico e Editoração	Carlos Cirne

John Herbert

Um Gentleman no Palco e na Vida

por Neusa Barbosa

CULTURA
Fundação Padre Anchieta

imprensaoficial

São Paulo, 2004

Dados Internacionais de Catalogação na Publicação (CIP)
(Câmara Brasileira do Livro, SP, Brasil)

Barbosa, Neusa
John Herbert : um gentleman no palco e na vida / por Neusa Barbosa. – São Paulo : Imprensa Oficial do Estado de São Paulo : Cultura - Fundação Padre Anchieta, 2004. --
184p. : il. - (Coleção aplauso. Série perfil / coordenador geral Rubens Ewald Filho)

ISBN 85-7060-233-2 (obra completa) (Imprensa Oficial)
ISBN 85-7060-266-9 (Imprensa Oficial)

1. Atores e atrizes cinematográficos - Brasil - Crítica e interpretação 2. Atores e atrizes de televisão - Brasil - Crítica e interpretação 3. Atores e atrizes de teatro - Brasil - Crítica e interpretação 4. Herbert, John, 1929- I. Ewald Filho, Rubens. II. Título. III. Série.

04-3601 CDD-791.092

Índices para catálogo sistemático:

1. Atores brasileiros : Biografia e obra : Crítica e interpretação : Representações públicas : Artes 791.092

Foi feito o depósito legal na Biblioteca Nacional (Lei nº 1.825, de 20/12/1907).

Imprensa Oficial do Estado de São Paulo

Rua da Mooca, 1921 - Mooca
03103-902 - São Paulo - SP - Brasil
Tel.: (0xx11) 6099-9800
Fax: (0xx11) 6099-9674
www.imprensaoficial.com.br
e-mail: livros@imprensaoficial.com.br
SAC 0800-123401

Apresentação

por Rubens Ewald Filho

Estou aqui tentando corrigir uma injustiça. Não sei se vocês sabem, mas eu apresento todos os domingos na Rede Cultura um programa chamado *Cine Brasil*, que exibe filmes brasileiros. Já apresentamos as chanchadas da *Atlântida*, os filmes da *Cinedistri* de Oswaldo Massaini, várias vezes as fitas da *Vera Cruz* e todas elas tinham uma coisa em comum: a presença do John Herbert. Eu já conhecia quase todos os filmes, mas nunca tinha tido antes a oportunidade de assisti-los assim, um após o outro. E fiquei impressionado. *"Poxa, O cara era bom!"*. Pensa que é fácil fazer par para Eliana, cada vez que ela levantava aquela sobrancelha? Ou cantar, sendo dublado por Anísio Silva. Até com a voz do Rubens de Falco ele aparece em Floradas na Serra. Também é difícil lutar a socos com o Wilson Grey ou, pior ainda, com o Wilson Viana. Mas foi revendo esses filmes que me dei conta realmente de como é difícil a missão de ser galã. Johnny não era apenas boa pinta. Tinha uma grande empatia. Todo mundo confiava nele, acredita nele. Mas sua missão era dizer diálogos por vezes completamente impossíveis. E sem parecer ridículo, sem cair no melodrama ou resvalar para a chanchada. Eu percebi como Johnny fazia bem uma coisa, que no fundo é a principal função do galã, além de provocar suspiros na platéia feminina: tem, principalmente, que fazer os outros brilharem, servir de apoio para o mocinho e escada para Oscarito ou Derçy Gonçalves. Não, Johnny não era qualquer galã. Tenho certeza que Johnny foi o melhor galã do cinema brasileiro.

Arrisco dizer que Johnny nunca deu uma interpretação ruim... E Johnny foi bom e convincente não apenas em português, mas também inglês e até alemão - eu até vi aquele filme da *Helga e os Homens*, que ele andou fazendo. Mas ainda estou correndo atrás de *Escravas do Amor das Amazonas*, que juro que ainda vou programar para o *Telecine Classic*. Pesquisando o *IMBD*, que é a enciclopédia do show business mundial, encontrei lá nove variações no nome John Herbert, mas o nosso

Johnny é o único que, além de ator, trás também como identificação as categorias de produtor e diretor.

Porque nem todo mundo se lembra: Johnny também é um talentoso diretor de cinema, está lá incluído no meu *Dicionário de Cineastas*. Foi premiado pela Associação dos Críticos de São Paulo, sempre louvado pelo saudoso Rubem Biáfora, embora demonstrasse uma inexplicável atração pelos textos da Cassandra Rios. E se alguma queixa eu tenho, é a da situação sempre complicada do cinema brasileiro que não permitiu que Johnny dirigisse com mais freqüência.

Mas estou aqui como admirador confesso do trabalho de Johnny, e volto a falar da injustiça. Todo mundo gosta do Johnny Herbert, mas nem todos reconhecem a qualidade de seu trabalho. E sabem por que? Porque, no fundo, ele é como o Fred Astaire, que faz tudo parecer tão fácil, que as pessoas acham que já nasceu sabendo. Não percebem todo o trabalho que houve por trás. Mas é com outro ator que a comparação fica mais clara.

Eu acho que Johnny é o nosso Cary Grant... Como ele, faz tudo com classe, elegância, um impecável timing de comédia e total competência no drama. Lembrem-se de que o Cary fazia também tudo parecer tão fácil, tão suave e debonair, que não parecia estar representando, que no fundo é a mais difícil das artes. E por isso, nunca lhe deram um Oscar normal, apenas um especial. De uma certa maneira, estou aqui um pouco para isso. Não posso lhe trazer um Oscar da Academia, mas trago meu respeito e minha admiração.

Maio 2004

Introdução

Duas vezes a vida profissional do ator John Herbert dependeu de um smoking. Na primeira vez, em 1952, quando ele, ainda um estudante de Direito, foi convidado pelo colega Renato Consorte para fazer uma ponta no filme *Appassionata*, uma das primeiras produções do estúdio *Vera Cruz*. Por coincidência, uma situação que lhe deu oportunidade de aproximar-se da então jovem bailarina Eva Wilma. Os corredores do Teatro Municipal foram o palco dos primeiros flertes de um casamento e parceria artística que duraram mais de 20 anos, formando uma das duplas mais queridas do público brasileiro na TV, no cinema e no teatro entre as décadas de 1950 e 1970.

Na segunda vez, o smoking foi necessário para uma cena de *O Petróleo é Nosso*, de Watson Macedo, agora na *Atlântida*. Mal-descido do avião que o levou de São Paulo para o Rio, o então jovem intérprete entrou no estúdio, ganhou seu traje de soirée e repetiu um beijo vinte vezes. Assim, sem ensaio, na raça.

Com sua aura de roupa de galã, o smoking serve de medida para o tipo de comédia sofisticada da qual Herbert se tornou uma das mais expressivas traduções, em seus sólidos 52 anos de carreira, onde se contam 60 filmes, 30 novelas, 32 peças de teatro – como ator ou produtor, às vezes na dupla função entre os bastidores e a ribalta. Um produtor de olho sensível, aliás, para abrir as portas da carreira a muitos grandes nomes da cena atual – caso de Irene Ravache, Regina Duarte, Ewerton de Castro, Cláudia Melo e Ricardo Petraglia.

Galã batizado nas emergências de uma televisão ainda sem videoteipe, feita ao vivo, e de um cinema que queria ser profissional mas, na sua improvisação, tantas vezes desafiava o instinto dos atores – ainda que eles então não viessem das passarelas da moda e sim do rádio ou do teatro - John Herbert tornou-se um dos intérpretes mais versáteis da cena artística brasileira. Vivendo numa época que assistiu ao nascimento da televisão no Brasil, ao florescer do *Teatro de Arena*, do *TBC* e outras companhias estáveis, bem como da mais séria tentativa de implantar no Brasil uma indústria cinematográfica – através dos estúdios *Vera Cruz, Maristela, Multifilmes, Atlântida* – John Herbert forjou essa sua capacidade de navegar calmamente por todas as tempestades que sacodem a vida de um artista no Brasil sem perder a fleuma, para o que certamente lhe valeu a férrea disciplina aprendida num lar alemão luterano. Uma fleuma, é bom que se diga, à qual ele soube somar um brasileiríssimo senso de humor e um jogo de cintura que já o levou a desfilar em escola de samba.

Aliando a disciplina germânica à versatilidade tupiniquim, que parece nunca assustar-se nem perder a esportiva diante de nada, Herbert atravessou períodos em que a comédia sofisticada, que é a sua marca, desapareceu do cenário, passando pela pornochanchada, filmes de cangaço, cinema marginal, sobrevivendo a duros embates em cena, em lutas sem dublê, e também na vida real, com a censura do período militar – vivendo o incidente mais traumático de sua vida com a proibição da peça *Os Rapazes da Banda*, em 1971.

Os anos 1970 marcaram também o fim de seu casamento com Eva Wilma – com quem teve a única filha mulher e única artista entre seus quatro filhos, Vivien Buckup, diretora de teatro – e a um novo casamento, com a fisioterapeuta Claudia Librach, bela como uma atriz de cinema, com quem vive até hoje. Soa até estranho descobrir que um de seus ídolos é Clint Eastwood, porque Herbert não tem nada do tipo durão que o colega americano encarnou em tantos de seus western spaghetti. Elegante diante da separação, como diante de tudo, o ator não é nem nunca foi figurinha fácil de colunas de fofocas nem das revistas de celebridades. Fiel às paixões que conheceu cedo na vida, ele continua praticando a natação, no mesmo clube Pinheiros que assistiu às suas primeiras braçadas e de onde ele quase saiu candidato a uma medalha olímpica, em 1948 – não fosse uma pneumonia a tirá-lo do páreo. Ganhou o teatro, em todo caso, onde ele pisou pela primeira vez aos 18 anos e nunca mais largou, até hoje, para deleite dos espectadores que preferem a escola do humor sutil e sofisticado. Um gentleman no palco e na vida, cuja filosofia é: "*Viva a sua vida e não se leve muito a sério*".

Neusa Barbosa

Capítulo I

Uma infância isolada no ninho alemão

A família Buckup, da qual faço parte, veio de Hamburgo, Alemanha. Um estudo de nossa árvore genealógica confirmou que ela existe naquela região desde 1270. Quase todos os seus integrantes foram comerciantes, seguindo a principal tradição de uma típica cidade portuária. Meu avô, Paul Adolf Buckup, nasceu em Altona, na região de Hamburgo, em 1866. Veio para o Brasil no final do século XIX, em 1889, como representante de uma firma importadora e exportadora chamada Tormmel. Em 1901, ele se casou com dona Ernestina Avé-Lallemant, brasileira que pertencia a uma família antiga de Niterói, de raízes francesas e alemãs. Meu pai, Hans Eduard Buckup, já nasceu aqui, em Santos, em 1902. Quando ele tinha dois anos de idade, meus avós voltaram para Hamburgo. Hans cresceu, foi educado e conheceu minha mãe, Kitty, lá mesmo.

Minha mãe era filha de uma inglesa de Londres, Katie Schmidt, e de Werner Schmidt, também natural de Hamburgo. Foi nessa cidade, em 1926, que meus pais se casaram e decidiram vir para o Brasil.

Como meu avô, meu pai continuou trabalhando como comerciante. Eu fui o filho mais velho, o primeiro paulistano do clã Buckup, formado de uma longa linha de protestantes luteranos. Nasci no dia 17 de maio de 1929, no Hospital Oswaldo Cruz, que era um dos centros de referência da colônia alemã e existe até hoje, no bairro do Paraíso. Nessa época, minha família morava na Rua Estados Unidos, nos Jardins. Um ano ou dois depois, nos mudamos para a Rua Bela Cintra. Depois, fomos para a Rua Guadalupe, que também fica perto da Estados Unidos. Lembro que, nessa época, nossos vizinhos da frente eram os Mangels, donos da indústria de rodas do mesmo nome. Eu freqüentava sempre a casa deles. Brincava com Anita, a filha caçula, tinha a minha idade. Um dia, brincamos de cabeleireiro e ela me cortou todo o cabelo! Tive de raspar a cabeça com máquina zero, não teve outro jeito. Lembro-me até hoje de chegar em casa com o cabelinho tosado.

Sempre moramos nessa região dos Jardins. Mas na minha infância a paisagem era muito diferente. Em 1936, meu pai comprou um terreno na Rua França. Era tudo mato por ali, estradas de barro, só uma casa ou duas nas imediações. Todo mundo falava que meu pai era maluco por insistir em morar naquele lugar. Mas em 1937, Hans começou a construir a nossa nova casa. Eu tinha 8 anos nessa época e fui morar uns tempos com a minha avó paterna,

dona Ernestina, na Rua Venezuela. Essa minha avó, aliás, é quem tinha escolhido meu nome, John, tirado de um personagem de um livro do escritor inglês John Galsworthy. Então esse ficou sendo meu primeiro nome. O segundo, Herbert, é muito comum na Alemanha. Tenho um tio chamado assim.

Uma das primeiras experiências emocionantes que eu tive na vida foi andar de avião. Aos 5 anos, fui o primeiro passageiro da *VASP*, porque meu pai e meu avô eram os importadores de um avião, o Junker.

Lembro de que a gente voou por cima da cidade, foi uma impressão muito forte na minha memória de criança.
A influência alemã sempre foi muito forte na minha vida. Em casa, só se falava alemão. Por causa disso, até os 8, 9 anos de idade, eu não falava bem o português, tinha bastante sotaque. Todas as colônias que existiam na São Paulo dos anos 30 eram muito fechadas. Havia a cultura alemã, a italiana, a árabe, a japonesa, mas cada uma ficava restrita ao seu grupo, não se misturavam muito. Estudei em colégio alemão, o *Olinda Schüle*, que ficava na Rua Olinda atual Pça. Roosevelt, e depois da II Guerra Mundial mudou de nome para Colégio Visconde de Porto Seguro, hoje instalado no Morumbi. Estudei lá desde os 6 anos de idade.
Foi nessa época também que eu comecei a me interessar por esportes. Meu pai tinha um barco e freqüentávamos o *Iate Clube Santo Amaro*. Eu e meu irmão, Joaquim, íamos à *Sociedade Harmonia de Tênis*, que ficava ao lado de casa, na Rua Canadá, onde está até hoje. Meu irmão jogava tênis, eu também, além de nadar e

John, agachado à frente, o 3o a partir da esquerda

praticar pólo aquático. Só que naquela época o Harmonia não possuía turma de natação nem treinador. Como eu tinha facilidade para o esporte, um bom físico, lá mesmo me sugeriram mudar para o clube *Pinheiros*, que naquele tempo ainda se chamava *Germânia,* porque também era um clube da colônia alemã. Como várias outras instituições, eles tiveram que mudar de nome depois da II Guerra Mundial. Comecei a nadar no *Pinheiros* em 1939 e fiquei por lá até hoje. Sou, como se diz, móveis e utensílios do clube. Integrei a equipe de natação por 15 anos. Ganhei muitas medalhas e troféus, que guardo com muito orgulho. As provas de 100 metros e de 400 metros eram a minha especialidade, venci muitas delas. Em 1945, fui campeão paulista dos 1500 m pelo *Pinheiros* – um título que o João Havelange tinha conquistado um ano antes. Também ganhei muitas travessias. Naquele tempo, ainda se podia nadar no rio Tietê, mas eu mesmo não tive oportunidade de fazer muito isso. Depois, o rio ficou poluído e não deu mais. Hoje, procuro nadar todos os dias. Ainda consigo fazer meus 800, 1000 metros. Também faço muitas caminhadas e fitness lá mesmo no *Pinheiros*, onde às vezes encontro velhos amigos.

Eu tinha 10 anos quando estourou a II Guerra, em 1939. Levava essa minha vidinha, de colégio, clube. São Paulo era uma cidade provinciana ainda, mas muito agradável de se viver. Andava para todo lado de bicicleta, de vez em quando ia até para o colégio assim, pendurado no bonde que subia a Rua Augusta. Para falar a verdade, a gente nem sabia direito o que estava acontecendo na Europa, não só por ser criança, mas também porque não existia televisão. Só havia os jornais, o rádio. Lembro que em São Paulo chegou a existir uma juventude hitlerista. No clube *Pinheiros*, que nessa época ainda era *Germânia*, todo dia 1º de maio era realizada uma *Festa do Trabalhador* onde vários jovens desfilavam, ostentando a suástica nos uniformes. Era uma influência do partido *Nacional Socialista*, o partido *Nazista*, que estava no poder na Alemanha. Eram jovens da colônia alemã. Eu era muito garoto, a gente não tinha nada a ver com aquilo, mas me lembro de ver alguns desses desfiles.

Quem acompanhava a II Guerra com certo interesse era meu pai. Inclusive ele tinha um mapa da Europa onde colocava uns alfinetes mostrando a expansão das fronteiras da Alemanha. Aquela coisa de sangue alemão, ele era patriota. O maior aperto que sentíamos era o racionamento dos gêneros alimentícios, entre 1941 e 1942. Existia fila para tudo, na padaria para comprar açúcar, farinha, os artigos mais básicos. Nós éramos três crianças – eu, meu irmão e minha irmã Úrsula - e todos íamos para a fila, porque cada pessoa tinha direito a um pão. Às vezes os produtos acabavam e era preciso voltar no dia seguinte.

Mas essa restrição alimentícia não foi o pior que poderia nos acontecer. Um dia, apareceu lá em casa uma turma que levou meu pai preso, quando o Brasil entrou na guerra, em 1944. Meu pai foi detido, como todas as figuras proeminentes da comunidade alemã. Ele era industrial, tinha sido fundador do *Clube Transatlântico*, era uma pessoa conhecida.

Com os irmãos, Úrsula e Joaquim

Foram muitos os presos, os pais dos meus amigos também não escaparam. Não havia propriamente uma acusação contra eles. As autoridades apresentavam aquela alegação vaga de que os alemães faziam parte de um complô contra o Brasil, criando um clima de histeria e caça às bruxas. Lembro-me de que a gente ia visitá-lo todo domingo. A prisão ficava na antiga *Hospedaria dos Imigrantes*, na Rua Visconde de Parnaíba, na Moóca – onde hoje está instalado o *Memorial do Imigrante*. Como sempre, os alemães se organizaram, lá dentro era tudo muito arrumado, eles mesmos cuidavam de tudo. Meu pai ficou prisioneiro naquele lugar durante um ano.

Ele e meu avô, Paul Adolf, tinham chegado a trabalhar juntos. Fundaram uma fábrica de vidros, a *Cristalaria Paulista*, na Av. Celso Garcia. Às vezes, a gente ia lá ver como era o trabalho. Meu pai costumava trazer bichinhos de vidro para casa. Depois da II Guerra, por causa de toda aquela pressão, eles resolveram vender a fábrica, que deu origem aos *Cristais Prado*.

Na minha escola, apesar de ser alemã, não se

mencionava a guerra. Nunca se falou em sala de aula, não se comentava nada sobre os acontecimentos na Europa. Nunca ninguém ali dentro tentou forçar uma discussão ideológica, nada disso. Era só estudo e muito bom. Aliás, foi no colégio que eu aprendi a falar inglês muito bem. Os professores vinham comissionados da Alemanha. Mas é claro que todo mundo tinha consciência de que uma coisa muito grave estava acontecendo e afetava a colônia germânica. Lembro-me de que nos pediam no colégio, em casa também, que evitássemos falar alemão na rua, porque alguém podia ser agressivo com a gente.

Eu, meu irmão, meus amigos íamos para o colégio de bonde, naquele que chamávamos de "camarão", um bonde da antiga *Light* que era vermelho e saía de um ponto na Pça. do Vaticano para o centro da cidade.

Nessa época, quando estávamos no bonde, ficávamos bem quietos, porque entre nós só falávamos alemão e alguém podia ouvir e não gostar. Os alemães e também os italianos tomavam esse tipo de precaução, porque às vezes aconteciam atritos, a gente tinha um pouco de medo. No fim da guerra, em 1945, isso acabou tendo uma conseqüência na minha vida, porque o currículo alemão do meu colégio não era mais reconhecido aqui. Tudo o que eu tinha feito não valia mais e ponto final.

Tive que refazer em um ano o antigo ginásio, fazer um exame que naquele tempo se chamava "*madureza*" para ter direito ao diploma e poder continuar meus estudos.

Antes mesmo de a guerra acabar, eu já tinha começado a romper um pouco esse isolamento da comunidade alemã no próprio clube *Pinheiros*. Com o fim da guerra, eu me abrasileirei ainda mais, porque não convivia mais só com membros da colônia. Mesmo no colégio, que tinha mudado de nome, já havia muitos brasileiros de outras origens, o ambiente não era mais tão fechado como antes. O fim da guerra forçou uma mistura, uma integração maior e eu comecei a descobrir outras coisas. Comecei a gostar muito de música e descobri o jazz. Tinha muitos amigos com as mesmas afinidades. A gente trocava discos, íamos um na casa do outro. Gostava muito de Thelonius Monk. Era a época das grandes orquestras, Glenn Miller, Tommy Dorsey. A gente dançava muito esses ritmos nos bailes da moçada.

Cheguei a ter vontade de tocar bateria, e até mesmo construí uma versão caseira, usando um tamborim e um prato de cozinha. De vez em quando, nessas tardes frias de São Paulo, ficava ouvindo um programa de jazz que havia na *Rádio América* e acompanhando as melodias com a minha "bateria". Mas não passou daí meu namoro com a música.

Em 1948, quando eu estava no último ano do Científico (o equivalente ao segundo grau hoje), tive uma grande frustração. Por causa de uma pneumonia, perdi a chance de ir às *Olimpíadas*, em Londres. Ainda cheguei a treinar com febre, mas não deu para ir até o fim nos treinos classificatórios. Naquela altura, ainda não se usava a penicilina. O tratamento era com sulfa e demorava muito mais tempo do que agora.

Ficou na vontade o sonho de ter uma medalha olímpica. Talvez isso tenha mudado todo o meu futuro. Em compensação, nesse mesmo ano, eu descobri o teatro, ainda no colégio. Ou ele me descobriu. Estava terminando o Científico e ainda não sabia direito o que faria da minha vida depois da formatura. Foi quando chegou da Alemanha o Hoffman Harmisch, que dirigia um grupo de teatro e montava peças alemãs importantíssimas aqui no *Teatro Municipal*, textos clássicos no idioma original. Dessa vez, ele organizava uma montagem de *Fausto*, de Goethe, e veio ao Colégio Porto Seguro procurar alunos que pudessem fazer algumas pontas.
Eu e meu primo, Ludwig Buckup, nos candidatamos. Eu tinha até uma fala, uma só: *"Deiner Mutter Sohn"*. Ou seja, "filho de minha mãe". Coisa bem simples. Mas no dia da apresentação, com todo aquele pânico da estréia, no Municipal, quase esqueci o que devia dizer. Mas me salvei a tempo. Foi assim, cheio de emoções, meu primeiro contato com o teatro. Ainda não havia nenhum ator na minha família, mas isso era só uma questão de tempo.

Capítulo II

Entre o Teatro, o Cinema e o Direito

Mesmo com esse meu primeiro contato com o teatro, com a pequena fala em *Fausto*, meu caminho para tornar-me ator seria muito longo e tortuoso. Era muito jovem, ainda não estava seguro nem do meu talento nem da minha vocação. Mesmo se estivesse, na minha família ninguém ia querer ouvir falar disso.

Mas eu já fazia minhas primeiras tentativas para me tornar independente da família, ganhando meu próprio dinheiro. Por volta de 1947, existia em São Paulo uma firma chamada *Perval*, que importava carros ingleses da marca *Anglia*, um modelo quadradinho. Eu conhecia um dos diretores da firma e arranjei um bico, que consistia de ir a Santos trazer um dos carros, dirigindo, porque a essa altura eu já tinha carta de motorista. Então, depois da aula, eu pegava um ônibus, junto com vários colegas da minha classe, descíamos a serra e íamos até o porto de

Santos pegar um carro para trazer na volta. Ganhava-se uma nota razoável e muitos faziam isso quase diariamente. Naquela época, não existiam essas "cegonhas" para transporte dos carros que, aliás, eram todos importados. Para nós, então, era um serviço fácil e agradável, um verdadeiro passeio.

Um pouco depois, minha irmã começou a namorar um rapaz, o Luciano Gualberto Filho, que era filho do reitor da USP. O Luciano Filho trabalhava na reitoria da USP e me arrumou um emprego no arquivo. Naquela época, a reitoria ficava na Rua Helvétia, no centro da cidade. Eu saía da escola e ia direto para lá.

Quando o reitor saiu, me transferiram para o serviço administrativo de um posto de saúde, em Santa Cecília. Depois, me colocaram num outro posto que ficava na Rua Aimorés, no meio de uma zona de meretrício. Eu trabalhava lá de tarde e o ambiente em torno era bem barra-pesada. Fiquei nessa vida mais ou menos um ano.

Quando terminei o Científico, meu pai perguntou-me o que eu queria ser.

Sempre quis estudar medicina, mas isso era quase uma afronta, era contra toda a orientação da família. Sempre muito pragmático, meu pai dizia: *"Mas como, medicina? Não tem um médico na família, é todo mundo comerciante, industrial. E depois ser médico leva tanto tempo, será que você gosta disso mesmo?"* Ficou decidido então que, enquanto pensava, eu ia trabalhar. Meu pai mesmo me arrumou emprego no *Banco Francês-Alemão*, que ficava na Rua XV de Novembro, para ver se eu gostava do serviço de escritório.

Fiquei lá quase um ano. Fazia de tudo, menos caixa, que eu nunca fui muito bom de cálculo. Meu pai achava que eu podia seguir adiante. Um dos diretores do banco inclusive me elogiava, dizia que eu estava indo muito bem. Mas eu não agüentei aquela rotina de escritório. Disse a meu pai que não ia dar para continuar ali, não era minha praia.

Foi então que surgiu a idéia de fazer o curso de Direito. Não tinha nada a ver comigo, também, mas eu precisava ganhar tempo, para descobrir o que eu realmente queria.

Isso foi no mês de setembro de 1948. O exame para a *Faculdade de Direito do Largo de São Francisco* seria em janeiro de 1949. Foi um dilema, porque eu tinha feito o Científico e no exame tinha prova de latim, que não fazia parte do currículo desse curso e, portanto, eu nunca tinha visto na minha vida. Tive que fazer um estudo intensivo, decorar todas aquelas declinações, nominativos. Era muito complicado.

Naquela época o vestibular não era como o de hoje, com provas de múltipla escolha. Todo aluno tinha que escrever uma dissertação, além da prova oral. Era muito difícil.

Mas eu tive sorte. Na prova de latim, caiu justamente um ponto que eu sabia. A dissertação eu lembro até hoje, era sobre o Ano Santo. Tirei uma nota bem alta, acho que foi oito. Também fui muito bem em inglês. No final, fui aprovado. E fui super bem-recebido porque era nadador. Para a faculdade, era uma maravilha ter mais um atleta porque havia as Olimpíadas Universitárias e nunca era demais reforçar o time naquelas competições contra as outras escolas, como a Politécnica e o Mackenzie.

Mas um pouco antes de entrar na faculdade de Direito, o bichinho do cinema já tinha me mordido. Desde 1947, eu tinha começado a freqüentar a Cinemateca do Museu de Arte Moderna (MAM) de São Paulo, que ficava na Rua Sete de Abril. Tínhamos uma turma que gostava de freqüentar a cinemateca e de discutir cinema, teatro. Virou um ponto de encontro. Lá passavam todos os clássicos do cinema francês, italiano, também o trabalho dos pioneiros, dos irmãos Lumière, Méliès.

Os freqüentadores faziam dali um centro de debates. Tinha também um tipo de café-bar, que ficava em frente, onde todo mundo se reunia. Dessa turma, que se encontrava à tarde na cinemateca ou na Pça. Dom José Gaspar, na porta da Biblioteca Municipal, fazia parte o Manoel Carlos (que virou autor de novelas), Antunes Filho (futuro diretor de teatro), Flávio Rangel (dramaturgo e diretor de teatro e TV) e o Franz Kracjberg (artista plástico). Lembro que eu costumava conversar muito com o Kracjberg em alemão. Fazendo parte desse grupo, é natural que o meu interesse pela arte crescesse cada vez mais. Então uma coincidência veio ao meu encontro. Eu soube na cinemateca que estavam criando um curso para atores lá perto, no Centro de Estudos Cinematográficos para a Formação de Atores e Técnicos de Cinema. O curso era orientado pelo Ruggero Jacobbi, um italiano que depois tornou-se diretor do *Teatro Brasileiro de Comédia* (*TBC*) e dirigiu também cinema na *Companhia Cinematográfica Vera Cruz*. Entre os professores havia também a Carla Civelli (mulher do Jacobbi) e o José Renato, que em 1963 implantou no Brasil o primeiro *Teatro de Arena*, a partir de experiências francesas que ele conheceu através de seus professores na *Escola de Arte Dramática* (*EAD*). Entrei nesse grupo inicial, com o Sérgio Britto, a Monah Delacy (mãe de Christiane Torloni) e acabei sendo um dos fundadores do *Teatro de Arena* em São Paulo, que foi o primeiro da América Latina. No começo, a gente não tinha uma sala própria, então montamos nossas primeiras peças lá mesmo, no MAM. O palco era redondo, com as cadeiras em volta, e se prestava para a proposta de teatro de arena.

Mas não era nada fácil atuar nessas condições, especialmente para mim, que não tinha muita experiência. Os espectadores na primeira fila estavam a um metro de você e por todos os lados. Era um exercício e tanto de palco. Foi aí que perdi de vez um pequeno sotaque alemão, que ainda carregava. A primeira peça que montamos foi em abril de 1953, uma comédia inglesa, *Esta Noite é Nossa*, de Stafford Dickens, com direção do José Renato. Em outubro desse mesmo ano, fizemos *O Demorado Adeus*, de Tennessee Williams, e *Judas em Sábado de Aleluia*, de Martins Pena. Só depois é que achamos o espaço da Rua Teodoro Baima para instalar o *Teatro de Arena*. Que, anos depois, virou o *Teatro Eugênio Kusnet*, que existe até hoje no mesmo endereço.

Nosso primeiro grande sucesso nesse teatro foi uma peça francesa do Marcel Achard, *Uma Mulher e Três Palhaços*, que se passava no circo. Os três palhaços éramos eu, o Sérgio Britto e o José Renato. Mas, antes do José Renato, quem fazia o terceiro papel era o Jorge Fischer, um rapaz muito talentoso, mas que depois desistiu da carreira e foi ser um executivo de sucesso. O José Renato era também o diretor.

Com essa peça, fizemos uma primeira tentativa de uma turnê pelo Brasil, com uma companhia. Montamos o espetáculo em São José dos Campos, na Escola Preparatória de Aviação. Depois viajamos para o Rio de Janeiro, no Ministério da Cultura, naquele prédio lindo, projetado pelo Oscar Niemeyer.

Montamos a peça também em clubes e até no Palácio do Catete, a pedido do presidente da República, que na época era o Café Filho. Apresentamos o espetáculo para ele e vários ministros, numa das salas do Palácio. Foi um evento raro mesmo.

Viajar com uma companhia naquele tempo era muito complicado. Nós tínhamos alguns patrocínios, mas não havia leis de incentivo, como hoje. Dependíamos também de fazer bilheteria para nos financiarmos. Tivemos a sorte de arranjar um patrocinador, Bernardo Goldfarb, presidente das lojas *Marisa* na época, que foi presidente do Corinthians e virou até nome de um dos viadutos da Marginal Pinheiros.

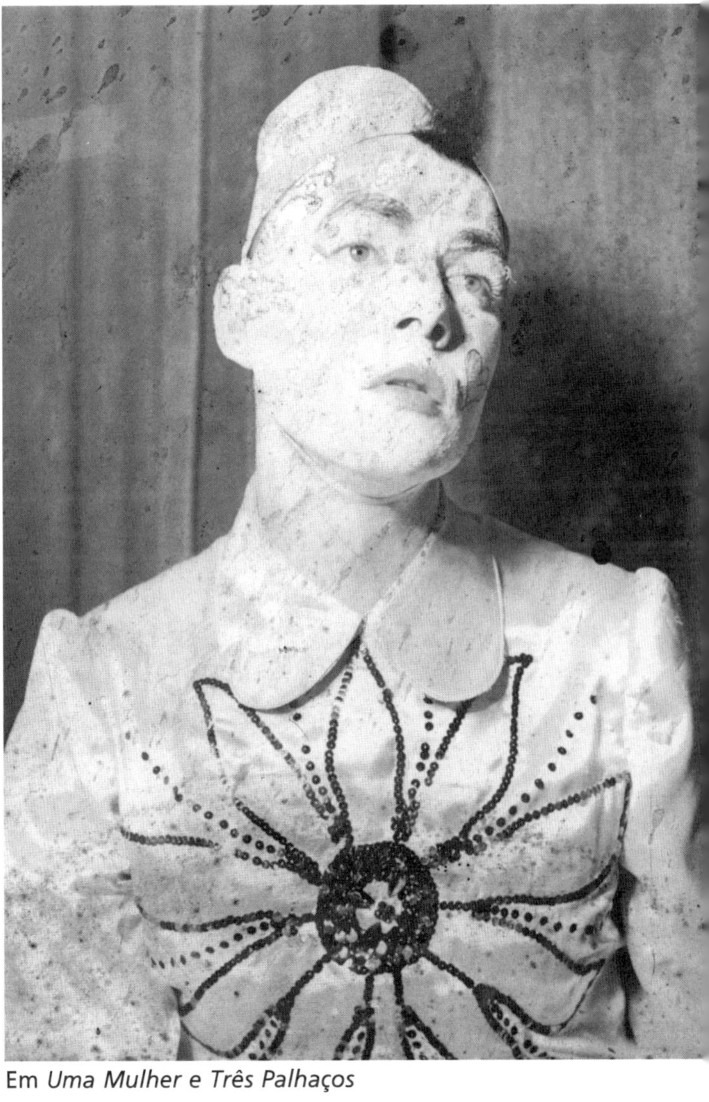

Em *Uma Mulher e Três Palhaços*

Ele gostava de arte, e patrocinou até a construção daquele teatro na Rua Teodoro Baima, que era alugado. Quando voltamos da turnê, nossos rumos mudaram. O José Renato acabou mudando-se para o Rio, eu comecei a fazer mais cinema, e o *Teatro de Arena* trocou completamente de trupe. Mas nós fomos os pioneiros. Foi nessa peça, *Uma Mulher e Três Palhaços,* que eu trabalhei pela primeira vez com a Eva Wilma, minha primeira mulher. Ela era bailarina, fazia parte do *Balé do IV Centenário de São Paulo,* em 1954. O José Renato achou que ela podia interpretar a Colombina na nossa peça.

Eu tinha conhecido a Eva um pouco antes, em 1952. Estudava ainda na Faculdade de Direito e um dos meus colegas era o Renato Consorte, na época era um dos produtores na *Vera Cruz*. Ele precisava de muitos figurantes para filmar uma cena no Teatro Municipal para o filme *Appassionata* (1952), com direção do Fernando de Barros e a Tônia Carrero e o Paulo Autran no elenco (aliás foi a estréia do Paulo Autran no cinema). Havia uma cena de concerto na trama e eles precisavam filmar o Municipal lotado de

espectadores vestidos de smoking. Aí o Consorte convidou toda a faculdade para ir.
Tinha até um cachê, um dinheirinho razoável, para passar uma manhã. A gente só tinha de levar o próprio smoking e aparecer no Municipal para filmar às 9 horas da manhã. E ainda tinha a vantagem de poder ver artistas, como a Tônia, de perto. Era uma farra.
Lá no teatro, estava ensaiando um grupo de dança da Maria Oleneva e a Eva Wilma era uma das alunas. A gente já se conhecia de vista, ela também freqüentava as festinhas do pessoal do Jardim Europa, porque ela morava por ali, na Rua Maestro Elias Lobo.
Nos intervalos da nossa filmagem, a gente descia para tomar água, as bailarinas também. Acabei conversando com ela e pedindo seu telefone. Dois dias depois, eu liguei.
Ela tinha um namorado mas os dois estavam meio abalados na época, e acabamos ficando juntos por 21 anos.
Um pouco antes, eu também já tinha posto o pé no cinema, que foi uma coisa de que eu sempre gostei.

Eu ainda atuava no *Teatro de Arena* quando comecei a rodear a *Companhia Cinematográfica Vera Cruz*, cujo escritório ficava ali, na Rua Major Diogo, no terceiro andar de onde fica hoje o *TBC*, vendo se eu conseguia alguma oportunidade. O estúdio já tinha rodado *Caiçara* (1950) e *Tico-Tico no Fubá* (1952), ambos dirigidos por um italiano, Adolfo Celi, que depois se tornaria meu amigo. Acabei sendo chamado para um teste num filme que foi a minha estréia nas telas, Uma Pulga na Balança (1953). Estava aí o Luciano Salce, um excelente diretor italiano, que depois

voltou para a Itália, onde dirigiu várias comédias. O meu destino parecia estar sendo traçado por si mesmo. Eu tive a sorte de começar minha carreira numa época em que estava acontecendo uma intensa renovação em todas as artes no Brasil.

Cena de Uma Pulga na Balança, com Mario Sergio, Ruy Affonso e Paulo Autran

Capítulo III

Adeus Direito, Alô Doçura

Sem que eu planejasse nada de antemão, minha carreira artística foi se impondo na minha vida. O começo dos anos 50 era também uma época efervescente, de intenso desenvolvimento no Brasil. A televisão acabava de ser implantada, em 1950. O *Teatro de Arena*, do qual eu participava, tinha chegado ao país e diversas companhias estáveis, como o *TBC*, se consolidavam. No cinema, proliferavam novos estúdios, como a *Vera Cruz*, a *Maristela*, a *Multifilmes*, uma tentativa de consolidar uma indústria cinematográfica no país agora com o apoio dos industriais paulistas. Era fácil ser tragado por esse turbilhão e eu fui. Entrei de cabeça e coração numa ciranda de atividades paralelas que seria a tônica do meu cotidiano pelas décadas seguintes. Fazia teatro, cinema e já tinha começado também na televisão, tudo ao mesmo tempo.

Em 1952, entrei para o elenco dos teleteatros da *TV Tupi*, que prepararam o terreno para as novelas que se tornaram tão populares logo depois. Em 1953, fui contratado pela *TV Record*, para participar de teleteatros dirigidos pelo Graça Mello e pelo Miroel Silveira.

Num deles, eu tinha como colegas o Hélio Souto, que foi meu amigo a vida toda, e a Silvia Ortoff.

Paralelamente, continuei cursando Direito e me formei em 1954. Foi no mesmo ano em que eu e a Eva Wilma começamos a fazer *Alô Doçura*, do Cassiano Gabus Mendes.

Curioso é que nesse programa, que mudou tanto a nossa vida, nós dois nem fomos a primeira opção para o elenco.

Inicialmente, o Cassiano tinha convidado o Mário Sérgio e a Marisa Prado, que eram atores da *Vera Cruz*, para estrelarem um seriado que deveria se chamar *Os Namorados da Tarde*. Depois, o patrocinador mudou o nome para *Alô Doçura* e nós substituímos os dois.

Era um tipo de comédia familiar inspirado no modelo de *I Love Lucy*, com a Lucille Ball e o Desi Arnaz.

O Cassiano escrevia o roteiro e retratava a realidade, o cotidiano de uma grande cidade, que era São Paulo, e isso era uma novidade que fascinava o público. O programa foi um sucesso absoluto, ficou dez anos no ar na TV Tupi e nos tornou extremamente populares. Éramos reconhecidos na rua. Dávamos autógrafos em todo lugar.

Casei-me com a Eva, em novembro de 1955. Devido à nossa fama com o *Alô Doçura*, a cerimônia de casamento foi uma loucura, pois todo mundo queria nos ver de perto. O público lotou a igreja Nossa Senhora do Carmo, no Paraíso, desde as 9 horas da manhã. Às 10 horas, já estava cheia, muito antes da hora da cerimônia, que era no final da tarde. Quando nossos convidados começaram a chegar, pelas 4, 5 da tarde, não havia mais lugar. A maioria dos nossos amigos ficou do lado de fora.

O casamento, em compensação, mudava minha perspectiva. Eu precisava sustentar uma família e naquele tempo, mesmo trabalhando em cinema, teatro e televisão, não ganhava muito dinheiro. Ser artista era quase uma aventura.

Ainda faltava meu capítulo final com a advocacia. Fui para o Rio de Janeiro, trabalhar por uma indicação do meu pai, numa firma alemã de marcas e patentes, a *Dannemann Siemsen*. E continuava como podia as minhas atividades de teatro e televisão, a Eva também fez teatro no Rio. Durou uns sete, oito meses essa minha rotina de escritório, sempre dividida com a vida artística, que a essa altura eu sabia que era o que eu realmente queria, apesar das dificuldades. Eu vivia nessa ida e volta entre o Rio e São Paulo, não agüentava mais. Então, falei com o dono da empresa, voltei para São Paulo e ainda fiquei um tempo representando-os por aqui. Não durou muito esse arranjo, até porque meu coração estava em outro lugar. Larguei a advocacia, agora de uma vez por todas. Meu pai se conformou, porque eu tinha pelo menos tirado o diploma. Ele me dizia: *"Tudo bem, filho, sempre um dia você pode voltar a ser advogado"*. Mas isso nunca aconteceu.

Na televisão, naquele tempo, além de tudo era preciso ter fôlego. Todos os programas eram feitos ao vivo, com duas ou três câmeras em cena. O *Alô Doçura* mesmo foi produzido assim, nos seis primeiros anos. A televisão nesse seu início era uma extensão do rádio, tudo diário, direto. Mesmo os atores vinham do rádio, caso do Lima Duarte, do Walter Forster. Por conta disso, trabalhava-se muito. *Alô Doçura* ia ao ar duas vezes por semana, às terças e quintas. Era transmitido às oito da noite, depois do jornal, que na época era o *Mappin Movietone*, e depois de *A Piada do Dia*, que era sempre contada pelo Ribeiro Filho. A gente recebia o texto dois, três dias antes, estudava, repassava de tarde, ensaiava uma vez e de noite fazia tudo ao vivo. Não podia errar. Quando dava um branco, o único recurso era o contra-regra no set, que ficava soprando o texto para a gente. Não existia teleprompter ainda. A Eva Wilma também era especialista em colar pedacinhos de papel com o texto escondidos pelo cenário, para ajudar numa emergência. Se não dava certo, o remédio era improvisar, ir em frente, porque aquilo não podia parar, eram 15 minutos ao vivo. Seis anos trabalhamos assim. Foi uma grande escola.

Depois, nos últimos quatro anos do programa, já se podia gravar antes, ficou bem mais fácil. Meus dois filhos mais velhos nasceram durante a temporada do programa, a Vivien em 1956, o Johninho em 1958. A Eva trabalhava até a véspera do parto. Só que durante a gravidez as câmeras a enquadravam praticamente só em primeiro plano, para não mostrar a barriga, que não fazia parte da história. E enquanto ela ficava fora, de licença, a gente colocava convidados. Uma vez eu fiz o programa com a Yoná Magalhães. Normalmente, a gente também recebia convidados que eram do elenco da própria Tupi: Walter Stuart, Elias Gleiser, Lolita Rodrigues, o Ribeiro Filho (o mesmo de *A Piada do Dia*). Mas nós éramos os únicos fixos.

Na televisão, a gente tinha um contrato, que permitia uma sobrevivência razoável. Ficamos mais de vinte anos contratados pela *Tupi*, até que a emissora acabou, em 1980. Mas era-se obrigado a fazer teatro também. Cinema naquela altura não dava dinheiro nenhum. Os atores não ganhavam quase nada, só os produtores. E olha que naquele tempo o cinema era muito mais popular do que a televisão. As chanchadas da *Atlântida*, do Oscarito e do Grande Otelo, provocavam filas de dobrar quarteirão em plena segunda-feira. O povão adorava aquilo. Vivemos muitos anos, eu e a Eva, nessa vida louca. Fazíamos televisão de dia, teatro de noite, e ainda cinema também, tinha filmagens até de madrugada durante alguns dias da semana. Não sei como dava tempo nem como a gente encontrava energia para todas essas coisas simultaneamente. Mas era assim mesmo a vida de artista e a gente tinha paixão em tudo que fazia.

Só depois de *Alô Doçura* é que a gente passou a fazer novelas, que decolaram na nossa televisão no começo dos anos 1960. Eu e a Eva inauguramos o horário das 19h30 na *Tupi*, em dezembro de 1964, com *Prisioneiro de um Sonho*. O texto era do Roberto Freire, psicoterapeuta e dramaturgo consagrado, com quem depois eu faria o único filme que ele dirigiu, *Cléo e Daniel* (1970). Na novela, a Eva fazia três papéis ao mesmo tempo e havia ainda o charme de ter-se uma música exclusiva para o programa, composta por ninguém menos do que Chico Buarque de Hollanda. Na época, ele ainda não era conhecido, era um garoto de 20 anos, muito tímido, que andava pelos corredores da *TV Record* quase sempre de olhos baixos, praticamente sem falar com ninguém. Em 1966 é que ele se tornaria famoso com a vitória de sua música *A Banda*, no *2º Festival da Música Popular Brasileira* da mesma *Record*.

A *TV Tupi* foi muito importante para promover uma renovação fundamental nas telenovelas, com *Beto Rockfeller* (1968/69), escrita pelo Bráulio Pedroso e dirigida pelo Cassiano Gabus Mendes, na qual eu também participei. Foi essa novela que mudou mesmo radicalmente toda a temática, a linguagem da novela brasileira.

Inclusive eu dirigi a segunda fase, *A Volta de Beto Rockfeller* (1973). Mas depois, em 1980, a *TV Tupi* acabou e todo mundo foi para a Globo. A primeira novela que eu fiz lá foi *Água Viva*, do Gilberto Braga.

Engraçado como quando a gente começou a fazer novela era tudo muito pudico. Não tinha beijo fervoroso, não se podia mostrar nada.

Hoje em dia, não. O pessoal está muito ousado. Isto mudou muito. Não havia também essa veneração moderna pelo galã de novela. Hoje em dia as grandes emissoras têm que manter até um departamento para receber as cartas que as fãs mandam para os atores.
Fazem até levantamentos, sabem quem recebe mais cartas, há um serviço que envia fotos para os fãs, tudo organizado. Isto não existia no começo da TV.

Dirigindo A Volta de Beto Rockfeller

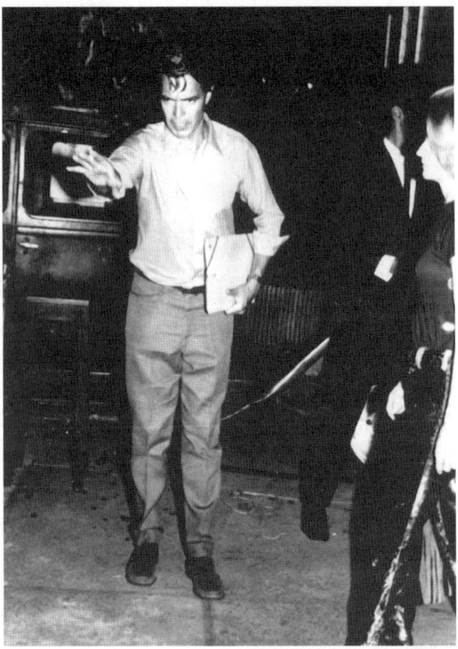

Capítulo IV

Sob o signo de galã no cinema

Não foi à toa que fiz 60 filmes – pode-se dizer que participei praticamente de todas as fases do cinema brasileiro: chanchada, cangaço, pornochanchada, cinema marginal. O cinema sempre foi uma grande paixão para mim.

Lembro da primeira vez que meu pai me levou para assistir a um filme. Eu era menino, tinha meus 8 anos. Era lá no centro velho de São Paulo onde ficavam as melhores salas. Havia o *UFA-Palace*, um cinema chiquérrimo, projetado pelo Rino Levi, com uma acústica fenomenal. É onde fica hoje o *Art Palácio*, na Av. São João.

Havia também o cine *Alhambra*, na Rua Direita, onde meu pai me levou pela primeira vez na vida ao cinema, para assistir a um filme alemão sobre um navio de guerra que se chamava *Encouraçado Endem*. Foi um espetáculo que me impressionou muito, ficou sempre na minha cabeça.

Tanto que, no colégio, quando eu fazia uma dissertação – uma coisa que pediam muito para os alunos na época – eu escrevia quase um roteiro de cinema, contava uma história procurando tornar visuais as coisas que eu contava.

Depois veio a *Cinemateca do MAM*, onde eu assistia a todos aqueles filmes que marcaram a minha geração, italianos, franceses, que depois a gente discutia ali mesmo ou na Pça. D. José Gaspar. Era natural que um dia eu procurasse fazer parte do meio cinematográfico. Eu consegui naquele momento em que a *Vera Cruz* estava começando. Fiz meus dois primeiros filmes lá. Fiquei feliz demais, tudo o que eu queria na vida era entrar naquele reduto. A *Vera Cruz* era grande, séria, poderosa, tinha uma ambição de se tornar a nossa Hollywood. Eles tinham construído estúdios enormes e sofisticados em São Bernardo do Campo, importado técnicos e diretores da Europa. Uma coisa de Primeiro Mundo. Não havia quem não quisesse pertencer àquele círculo, era o máximo.

Meu primeiro filme foi em 1953, *Uma Pulga na*

Balança, uma comédia que marcou a estréia no cinema do Luciano Salce, um diretor italiano que tinha vindo ao Brasil para trabalhar no *TBC*. No elenco, estavam também o Paulo Autran e a Lola Brah, que era uma russa que vinha do teatro paulista e desenvolvera uma carreira sólida aqui, tinha se naturalizado e tudo. A voz da Lola era grossa, com um sotaque que a tornava muito peculiar.

Logo depois eu fiz *Floradas na Serra*, uma adaptação do famoso romance da Dinah Silveira de Queiroz, com a Cacilda Becker e o Jardel Filho. Não poderia ter sido melhor meu começo no cinema. Nós ficamos dois meses filmando em Campos do Jordão. Na época, como eu estava começando, ela me intimidava um pouco. A Cacilda era excelente, uma grande dama do teatro. Depois, ficamos muito amigos, uma amizade que durou até o fim da vida dela, em 1969.

No set, nós sempre nos demos muito bem. A Cacilda era uma grande colega, do tipo que compartilha, que é solidária. E no filme eu tinha uma longa cena com ela, no exterior, numa ponte, tendo uma conversa. Também foi uma experiência muito boa conviver com o Jardel Filho. Ele era um tipo brincalhão, de uma família onde havia vários artistas. Era sobrinho-neto da Chiquinha Gonzaga e primo do Ronaldo Bôscoli. A gente brincava muito, eu e ele andamos muito a cavalo lá em Campos do Jordão, nos intervalos das filmagens.

Um dia, a gente levou um tombo assustador. Queríamos voltar logo para casa e resolvemos galopar. Aí o cavalo do Jardel tropeçou, ele caiu e eu caí por cima dele, com meu cavalo junto. Sorte que não nos aconteceu nada.

Em Floradas... com Ilka Soares

Só ficamos doloridos e eu, com a mão em carne viva. Lembro de a gente comentar: "*Imagina se a gente se machucasse aqui, o filme ia parar por nossa causa!*" Depois parou mesmo, mas foi por outro motivo.

No filme, o Jardel interpretava o Bruno, o par romântico da Cacilda, um rapaz tuberculoso que vinha à cidade para se tratar. Ela fazia a protagonista, Lucília, uma mulher rica e desiludida que também descobria que estava doente e se apaixonava por ele.

Foi o único grande papel da Cacilda no cinema, ela morreu muito cedo, só 48 anos de idade.

Em Floradas... com Jardel Filho

Mas se entre nós atores tudo ia muito bem, o mesmo não se podia dizer da situação financeira da *Vera Cruz*. Tanto é que *Floradas na Serra* parou no meio da filmagem. A gente filmou todas as cenas em Campos de Jordão e de repente suspenderam tudo. A empresa já estava com muitas dificuldades, o que era uma pena. A *Vera Cruz* pagava relativamente bem, contratava os atores por períodos determinados, por meses, por um ano, ou por filme, dava um ordenado mensal bom. Assim foi que a empresa trouxe do Rio grandes nomes, como a Tônia Carrero e o Anselmo Duarte.

Seis meses depois dessa interrupção, chamaram-nos de volta. Quem organizou a volta ao trabalho foi o Abílio Pereira de Almeida. Ele conseguiu um financiamento e terminamos *Floradas na Serra* no estúdio em São Bernardo do Campo. Logo depois, a *Vera Cruz* entrou em declínio rapidamente e acabou fechando as portas. Acho que os administradores não tinham pesquisado bem o mercado. Faziam filmes belíssimos, filmes de arte, mas que não tinham muito impacto com o público.

Eles produziram até *O Cangaceiro*, em 1953, que foi o primeiro grande sucesso internacional do cinema brasileiro, ganhou prêmio no *Festival de Cannes*. Foi o filme em que a *Vera Cruz* gastou todo o seu dinheiro. Mesmo tendo um sucesso internacional muito grande - o filme foi distribuído pela Columbia - não conseguiu salvar o estúdio. O público do cinema nacional era o povão, e o que ele gostava era do Oscarito, do Grande Otelo, as chanchadas da *Atlântida*. Isso sim era um grande sucesso: os comediantes.
Uma coisa que tentei nesse ano de 1953 e não deu certo foi um papel em *Destino em Apuros*, que foi o primeiro filme colorido brasileiro. Fiz um teste contracenando com o Paulo Autran, que acabou ficando no elenco. Eu, não. Fiquei tão nervoso, não sei o que me deu na hora. Quem pegou o papel que eu queria fazer foi meu amigo Hélio Souto.
Mas eu continuei minha carreira em outros lugares. Um amigo, o ator Miro Cerni, que eu tinha conhecido na *Vera Cruz*, havia sido convidado para fazer um filme lá no Rio com o Watson Macedo, *O Petróleo é Nosso*, no estúdio

da *Brasil Vita Filmes*. O Macedo tinha começado na carreira cinematográfica como assistente da Carmem Santos, depois virou o mestre das chan-chadas, o diretor que foi o responsável pela era de ouro da *Atlântida*, junto com o Carlos Manga. Pois o Miro havia sido convidado pelo Macedo mas ele não podia e me indicou. O Macedo nem quis saber de nada, quem eu era, não pediu nenhuma referência, só disse: *"Mande o rapaz aqui"*. E eu me mandei para o Rio, de avião. Cheguei lá, bati na porta da empresa, que ficava na Tijuca, me receberam. Naquele dia mesmo já filmei.

Cenas de O Petróleo é Nosso

Foi muito engraçado. Na chegada, me perguntaram se tinha trazido um smoking. Eu estranhei. Claro que não tinha. Aí me explicaram que no filme havia uma cena de smoking.

Arrumaram-me um, deram-me as linhas para decorar e lá fui eu. Foi tudo assim mesmo, sem ensaiar, tudo na hora. Tinha uma cena de beijo, com a atriz Mary Gonçalves, que eu repeti umas vinte vezes.

Curiosa também foi a informalidade com que me receberam. Aquela amizade instantânea de rua, de praia, que é tão típica do carioca. Quem me abriu a porta quando cheguei no estúdio foi o Benê Nunes, o pianista.

No mesmo dia, ele me perguntava se eu tinha condução lá no Rio. Eu disse que não, que tinha vindo de táxi. Então, ele me emprestou o carro dele, ficou na minha mão por uns três dias. O cara nunca tinha me visto na vida! Mas ele dizia: *"Eu não estou precisando do carro, moro aqui perto, minha mulher me pega"*. Hotel eu também não precisei procurar. O Macedo, o diretor, tinha um apar-tamento vazio lá em Copacabana. Então, ele me perguntou: *"Você não tem onde ficar? Então fica lá"*. E me deu as chaves. Eram os tempos românticos do cinema. O Macedo era mesmo um diretor de visão. Antes mesmo de o filme ficar pronto, ele já previa: *"Você vai ver quando estrear, a fila que vai ter"*. Dito e feito. No dia da estréia de *O Petróleo é Nosso*, as filas davam voltas no quarteirão. Eu nunca tinha visto nada igual. Era mesmo uma grande comédia, muito engraçada, como todo cinema naquela época. Como o título já dizia, *O Petróleo é Nosso* era uma gozação às coisas que estavam acontecendo no Brasil, aquela campanha nacionalista, de defender a exploração do petróleo pelos próprios brasileiros.

O filme não tinha nada a ver com a defesa do petróleo, era pura brincadeira. Os roteiros eram muito divertidos, meio ingênuos, mas tinham um certo teor de crítica política, de atualidade, e tudo isso ajudava a criar uma sintonia com o público.

Mais repercussão ainda foi quando eu fiz *Matar ou Correr*, com o Oscarito, o Grande Otelo e o José Lewgoy, naquele mesmo ano, 1954. Eu não acreditava em tanto sucesso. O povão adorava aquilo, era um fenômeno. Os dois eram legais, mas bem diferentes. O Oscarito era um sujeito mais sério, retraído, ficava sempre no canto dele. Já o Grande Otelo era muito divertido. Mas fora da filmagem, a gente não tinha contato.

Um bastidor curioso em *Matar ou Correr* foi que eu fazia par romântico com a Inalda de Carvalho, que era estrela do filme e a paixão do Carlos Manga, o diretor (que tempos depois ia mesmo casar-se com ela). Por causa desse amor, toda vez que eu e ela íamos gravar uma cena de romance, ele ficava nervosíssimo. Mas tudo passou e até hoje eu e o Manga somos grandes amigos.

Em Matar ou Correr, com Inalda de Carvalho, Osacrito e Grande Otelo

Ele costuma dizer que *Matar ou Correr* foi o melhor filme que ele fez.

Nesse mesmo filme, eu passei um outro apuro, só que numa cena de briga. Apesar de ser o galã, eu tinha que pegar um bandidão a socos. Quem fazia o papel de mau era o Wilson Viana, que era um monstro de forte, tinha sido da polícia especial. Depois, nos anos 70, ele fez muito sucesso como *Capitão Asa* na TV. Pois eu tinha que rolar com ele no chão, dando socos, e convencer que eu, mesmo com um físico bem mais franzino, podia ganhar a briga dele. Mas deu tudo certo, ninguém se machucou e ficou convincente.

A grande estrela dessa época era a Eliana, a sobrinha do Watson Macedo. Fizemos cinco filmes juntos, inclusive *A Outra Face do Homem* (1954), em que eu ganhei meu primeiro prêmio no cinema, um troféu *Saci* de melhor ator coadjuvante. Ela era assim uma espécie de Vera Fischer da época, só que não tão sensual. Era a garota querida do público.

Apesar desse sucesso popular estrondoso das comédias, a esmagadora maioria dos atores em

Em A Outra Face... com Eliana e Rebato Restier

geral não ganhava muito dinheiro com o cinema. Não dava para sobreviver disso, a gente tinha que manter outras atividades, televisão, teatro, senão não conseguia pagar as contas no final do mês. Mesmo que o filme desse muito dinheiro, o ator só recebia o cachê fixo dele, não tinha participação na bilheteria. Inclusive o Lewgoy, que era um ator importante, ganhava relativamente bem na *Atlântida*, nem ele tinha participação na renda dos filmes. Se alguém ganhava dinheiro, eram os produtores e os distribuidores.

Ao contrário do Lewgoy, que era sempre o vilão, eu entrei para o cinema como galã. Sempre foi um termo meio pejorativo. O público gostava dos galãs mas a crítica, definitivamente, sempre nos tomava por grandes canastrões. Os críticos nos tratavam sempre com desdém, colocando-nos esse rótulo como se não tivéssemos nenhum talento. Gente como eu, o Anselmo Duarte, o Cyll Farney, o Hélio Souto, o Herval Rossano. Nos jornais, costumavam escrever coisas assim: *"Mais uma vez, o indefectível John Herbert..."*. O que equivalia a dizer: *"Olha lá o galãzinho outra vez fazendo as bobagens dele, não é um ator de verdade"*. Não éramos respeitados como os galãs do cinema europeu. Muito menos tidos como grandes atores, como o Marcello Mastroianni, que sempre foi galã e nunca deixou de ser levado a sério por causa disso.

Com o Anselmo Duarte, a pressão foi um pouco mais pesada. O pessoal do Cinema Novo não aceitou a idéia de ele ter vencido a *Palma de Ouro* em 1962 com *O Pagador de Promessas*. Diziam coisas como *"esse galã de praia não sabe nada de cinema..."*. Essa atitude o machucou demais. Porque ele é um ótimo cineasta. Até hoje ele guarda essa mágoa. Mas comigo a relação é de amizade. Até hoje o Anselmo me manda cartões de Natal.

O público, ao contrário, nos adorava. O que a gente recebia de cartas das fãs não era normal. F todas pediam fotografias. Na época a gente fazia isso, tirava mil fotografias e mandava para as fãs pelo correio. Eu mesmo respondia pessoalmente muitas dessas cartas, que vinham de todo o Brasil.

Nessa época, fiquei muito amigo também do Cyll

Farney. Dele e do irmão, Dick Farney, pianista de mão cheia. Eles eram de uma família portuguesa lá do Rio, os Dutra e Silva, donos de uma grande indústria de produtos para odontologia. Eu freqüentava muito a casa do Cyll, lá em Santa Teresa. Foi lá que uma noite ele me apresentou um músico novo que estava começando e dizia que era muito bom. Era o Baden Powell. Isso foi em 1957. O Cyll e eu também fizemos alguns filmes juntos: *E o Espetáculo Continua* (1958), *Copacabana Palace* (1962).

E o Espetáculo Continua, com Cyll Farney e Eliana

Copacabana Palace, com Cyll Farney

Nós, os galãs, tínhamos um relacionamento muito fraterno e bem-humorado. A gente se gozava o tempo todo. Uma vez, até pensamos em rodar um filme todos juntos, no papel de velhos e fazendo uma porção de bobagens. Podia ter saído uma história muito boa, engraçada. Mas faltou procurar um produtor que levasse o projeto adiante. Foi uma pena.

Nem por causa do azedume da crítica eu deixava de gostar do que fazia. Adoro fazer comédias, foi em cima delas que eu fiz a minha imagem. Sempre gostei de comédias sofisticadas, na linha do Cary Grant, que é o meu guru. Até hoje, gosto muito de rever os filmes dele na televisão. Adoro o Jack Lemmon também. Mas muitas vezes a comédia é subestimada, como se fosse uma coisa fácil de fazer. Não é mesmo. Tem que ter um timing, um ritmo para as situações se encaixarem, a história funcionar e fazer o público rir. É um exercício bastante difícil, requer muita prática e não se pode perder a naturalidade.

Também por causa da nossa imagem ficar tão marcada pelas comédias, por sermos galãs, a gente não recebia muitos convites para fazer os chamados "filmes sérios". Acho que por isso não fiz tantos papéis dramáticos. Mas o Luís Sérgio Person, o grande diretor paulista que fez *São Paulo S/A*, não se abalava com esse tipo de preconceito. Tanto que me chamou e ao Anselmo Duarte para atuar em *O Caso dos Irmãos Naves* (1967). Fiz o papel do advogado dos dois irmãos inocentes que eram acusados de um crime, durante a ditadura do Getúlio Vargas, em 1937. Eles eram torturados pela polícia e acabavam confessando um crime que não cometeram.

Era um filme muito forte, político, de repercussão, que recebeu diversos prêmios, inclusive o *Saci* para o Anselmo Duarte.

Antes disso, em 1962, eu também tinha feito o papel de um policial no único filme do meu amigo Flávio Rangel, *Gimba, Presidente dos Valentes*. O roteiro era do Roberto Santos e do Gianfrancesco Guarnieri, autor da peça original, que o Rangel tinha dirigido no teatro, três anos antes. O Rangel chamou todos os amigos dele para o filme. Estávamos eu, o Maurício Sherman, até o Paulo Emílio Salles Gomes, que fez o papel de um policial.

Em cena de Irmãos Naves

Era a história de um marginal que foge da cadeia em São Paulo só para ver a namorada, que morava no Rio, no Morro da Mangueira. As filmagens foram quase todas lá. Naquele tempo não havia esse perigo, essa pressão dos traficantes. As cenas de estúdio foram feitas na *Vera Cruz*, em São Bernardo do Campo. A música era uma beleza. Tinha a canção *O Morro*, do Carlinhos Lyra, com letra do Guarnieri, violão do Baden Powell. O filme ganhou prestígio e acabou selecionado para a Quinzena dos Realizadores do *Festival de Cannes.*

Gimba, com Maurício Sherman

Capítulo V

Uma comédia chamada pornochanchada

Como galã em tempo quase integral, participei de dezenas de cenas românticas, de beijos. Mas quando eu comecei no cinema, há 50 anos, era tudo muito ingênuo. Os beijos eram pudicos, a moral da época não permitia as ousadias que a televisão e os filmes mostram hoje com tanta desenvoltura. Não é que houvesse censura, não havia nada a censurar. No máximo, no final, o galã beijava a garota e não se passava disso. Não existia nenhuma insinuação erótica, nenhuma intimidade.

Quando o filme apresentava números musicais, viam-se as vedetes atrás ou ao lado do cantor, com as pernas de fora, ou uma Virginia Lane de maiozinho. Mesmo nos cassinos, que existiam naquela época, e apresentavam aqueles musicais do Carlos Machado, do Walter Pinto, as coristas só apareciam de maiô, nada menos que isso.

Na praia hoje se vê muito mais nudez do que naquele tempo as vedetes mostravam.

Por conta do moralismo, vivi algumas situações muito curiosas, que parecem impensáveis hoje mas naquela época aconteciam mesmo.

Em 1958, eu fazia uma nova comédia do Watson Macedo, *A Grande Vedete*, que tinha no elenco a Dercy Gonçalves e a Zezé Macedo. Eu tinha uma cena de beijo com uma atriz chamada Marina Marcel, uma bailarina argentina que vinha dos shows do Carlos Machado. Na hora de gravar a cena, ela diz que não podia me beijar na boca, porque era noiva e o noivo era muito ciumento.

Ficou aquele impasse no set. O diretor exigindo o beijo, ela recusando. Então surgiu a idéia de colocar um papel celofane nos lábios dela. E de fato ela pôs o celofane, eu a beijei e não apareceu nada, porque o papel era transparente. E era um beijinho tão discreto, um selinho. Imagina se fosse um beijo ousado, desses que se vêem hoje até em novela das seis da tarde. Essa liberdade não existia nem em sonho. Cena íntima, de sexo, então, nem pensar. Isso só começou muito tempo depois, nos anos 70, com a pornochanchada. Aí mudou tudo.

A Grande Vedete, com Marina Marcel e Dercy Gonçalves

Em todo filme, era obrigatório sempre fingir o ato, quer dizer, você ia para a cama com a atriz, os dois nus, fingindo que estavam fazendo sexo, porque era o erotismo que definia o gênero, que aliás fazia um grande sucesso popular. Vi quase todas as atrizes sem roupa nessa época: Helena Ramos, Jussara Freire, Aldine Müller, Vera Fischer, Bete Mendes. Mas não havia sacanagem nenhuma naquilo, era tão antierótico, porque ficavam trinta técnicos em volta. E a atriz que estava comigo na cama era sempre uma colega, alguém que eu conhecia às vezes há muitos anos. Depois das cenas, muitas vezes a gente ria, era quase uma brincadeira.

Uma situação dessas aconteceu comigo e a Monique Lafond, no filme *Retrato Falado de Uma Mulher sem Pudor* (1981), do Hélio Porto. Eu tinha uma cena de cama com ela, nós dois sem roupa. Uma situação quase constrangedora, porque a gente se conhecia. Depois da filmagem, caímos na gargalhada.

Mesmo assim, de vez em quando ainda acontecia alguma saia justa. Uma vez, tive um problema com a Rosemary, no filme *Meus*

Homens, Meus Amores (1978). Ela ficava de busto nu e eu tinha que abraçá-la. Mas ela era muito pudica, alegava que não podia fazer aquilo, por causa do marido. No final, a coisa toda se resolveu quando ela arranjou umas folhinhas de parreira para cobrir o bico dos seios. Olhando para trás é que a gente vê como a pornochanchada não tinha nada de pornográfico. Só os títulos é que eram muito exagerados, mas era puro marketing.

Meus Homens... com Rosemary

No fundo, as situações e os roteiros eram muito ingênuos. Eram filmes simples, populares, o cinema que era possível fazer numa época de ditadura militar, em que a censura não deixava passar quase nada. Não se podia falar de política, não se podia falar de problemas sociais, nem mostrar erotismo para valer. Se fosse uma cena de sexo muito explícita, a censura também mandava cortar. Afinal de contas, as pornochanchadas não passavam de chanchadas sem vilões. Ou seja, eram comédias, filmes baratos, que eram feitos rapidamente naquele eixo da Boca do Lixo, em torno da Rua do Triunfo, no centro velho de São Paulo.

Não exigiam muito investimento, por isso tinha produtores até de classe média, alguns donos de padaria ou de postos de gasolina, e pagavam seu custo na bilheteria. Em São Paulo, chegou-se a fazer centenas de filmes nessa linha pois isso é que dava lucro. O público era certo, o povão. Naquela altura, as filas eram para ver filmes com a Vera Fischer, a Selma Egrei, a Helena Ramos, todas sem roupa. Eram elas as grandes atrações.

Foi o David Cardoso quem chamou a Vera Fischer para fazer cinema. Ela tinha sido Miss Brasil em 1969 e nunca tinha representado antes. Depois transformou-se nessa grande estrela que é hoje. Os dois atuaram juntos em *Sinal Vermelho, As Fêmeas* (1972), o primeiro filme dela, onde ganhou um prêmio *Governador do Estado* como melhor atriz coadjuvante. Eu fiz dois filmes com a Vera, *A Superfêmea* (1973) e *As Delícias da Vida* (1974), este com ela e a Bete Mendes.

Foi também nesse ciclo das pornochanchadas que eu estreei como diretor de cinema. Antes, eu já tinha tido duas experiências isoladas, dirigindo cenas dentro de filmes de outros cineastas.

Cena de A Superfêmea

Com Vera Fischer em As Delícias da Vida

A primeira vez foi em *Dioguinho* (1957). Era um filme do Carlos Coimbra e eu estava no elenco. Filmávamos na Fazenda Guantapará, no interior de São Paulo. Era uma fazenda enorme de produção de cana-de-açúcar, que pertencia à família Morganti. Acontece que o Hélio Souto era casado com a Maria Helena Morganti, filha do dono da fazenda, que era também um grande produtor de cinema. Então, o lugar nos foi emprestado para a filmagem com todas as condições, alimentação, acomodações, etc.

Tudo ia muito bem até que um dia houve uma desavença entre o Coimbra e um dos produtores

Dioguinho

e eles tiveram de ir para São Paulo. Mas a filmagem não podia parar.

Naquele dia, estava marcada uma cena de luta de faca, entre o Hélio Souto e um dos figurantes. Daí, sugeriram que eu dirigisse a cena, para que não fosse perdido um dia de trabalho, e eu aceitei. Foi uma coisa bem curtinha. Em todo caso, a experiência foi boa e começou aí meu gosto de ficar atrás das câmeras.

A segunda vez foi em 1959. Eu estava fazendo *A Moça do Quarto 13*, uma co-produção com os EUA, dirigida pelo Richard Cunha e que tinha no elenco o Brian Donlevy e o Vitor Merinow,

A Moça do Quarto 13

um ator russo radicado há anos no Brasil. Era um filme policial em que o Donlevy, um ator veterano de Hollywood, interpretava um detetive particular que tentava capturar um assassino. Eu fazia o papel de um capitão da polícia. Um dia estávamos filmando na Pça. da Sé e o Cunha tinha que sair, fazer um telefonema urgente. Ele já sabia que eu tinha interesse na direção, acompanhava tudo isso, então me entregou a cena para filmar. Era uma cena curta e eu fiquei lá com o câmera, o Geraldo Gabriel, que trabalhara na *Vera Cruz* e me ajudou bastante também. Acabei funcionando como assistente de direção nessa produção, além de atuar. Quem queria muito me entregar um filme para dirigir era o Luís Sérgio Person. Eu tinha filmado com ele *O Caso dos Irmãos Naves*, lá em Araguari, MG. Ele me dizia na época que queria resgatar aquele tipo de história caipira que era popular, em torno de uma figura como o Mazzaropi. O Person tinha escrito um roteiro e queria que eu dirigisse, *Panca de Valente*. Mas eu não me identificava com aquilo, nem tinha certeza de que era uma boa idéia ressuscitar aquele tipo de história. Ele mesmo acabou fazendo o filme e acho que o resultado não foi bem o que esperava.

Ao mesmo tempo, o Person teve uma outra idéia, um projeto que se chamaria *Os Sete Pecados Capitalistas*, com sete diretores de São Paulo, cada um dirigindo um episódio. Todas as histórias seriam ligadas a algum aspecto negativo que o dinheiro impõe à vida das pessoas. Eu aceitei e chamei o Sérgio Jockyman, meu amigo de Porto Alegre, autor de algumas novelas que eu tinha feito na *Tupi, O Machão, O Sheik de Ipanema*.

O Sérgio me escreveu então uma história muito engraçada, que eu fiz com a Eva Wilma, e se chamava *Cartão de Crédito*. Na época, construía-se a *Transamazônica*. Eu interpretava um engenheiro solteiro, envolvido na obra, e que já estava há mais de seis meses naquele fim de mundo. Aí eu tirava umas semanas de férias e vinha para São Paulo, louco para encontrar uma mulher. Encontrava uma prostituta, que era uma profissional muito moderna, que aceitava cartão de crédito. Mas antes ela queria conferir a lista negra dos cartões, como se faria em qualquer loja. Ficou muito engraçada a situação.

Então eu dirigi esse meu episódio, o Anselmo Duarte começou o dele, o Maurice Cappovila também. No final, só quatro ou cinco histórias foram produzidas e o projeto não se completou. O caso é que o meu filme estava terminado, com produção minha, meu dinheiro. Eu não queria perder aquele trabalho. Então tive um contato com o Aníbal Massaini, que estava produzindo um filme de episódios. Ele já tinha dois prontos, um do Adriano Stuart, outro do Sílvio de Abreu. Faltava um terceiro. Quando ele soube do meu filme, pediu para assistir e gostou. Só que o episódio era um pouquinho curto. A gente teve que filmar mais algumas cenas para aumentar para 25 minutos. E saiu dentro do filme *Cada Um Dá o que Tem* (1975), que foi um grande sucesso.

Um ano depois, eu dirigi um outro episódio para um filme produzido pelo Massaini, *Já Não se Faz Amor como Antigamente*. Esse tem uma história curiosa. O argumento se baseia num conto da Lygia Fagundes Telles, *O Noivo*.

Quem escreveu o roteiro foi meu velho amigo Cassiano Gabus Mendes, com quem eu tinha feito *Alô Doçura*. A história original é um tanto sinistra. É sobre um rapaz, chamado Macedo, que acorda de manhã, com amnésia. A empregada (que no filme era a Laura Cardoso) o avisava de que aquele era o dia de seu casamento. Mas ele não consegue lembrar quem é a noiva e a situação tem um desdobramento mórbido. Ele fica tentando lembrar de todas as pessoas que conheceu. No final, quando entra na igreja, quem o espera é a morte.

Minha intenção era dar uma roupagem mais cômica a esse conto. Então consultei a Lygia e perguntei se ela se importava que eu mudasse o final. Ela não se incomodou, deu-me carta branca para qualquer adaptação. Aí eu dei a idéia de colocar o Chacrinha no filme. Ele aparecia no final, vestido de noiva, repetindo aquele velho bordão que usava na televisão: *"Eu vim aqui para confundir, não para explicar"*.

O mais surpreendente foi o comportamento do Chacrinha, que naquela altura era um dos apresentadores mais populares da televisão.

Eu o convidei para atuar no filme, expliquei que ele tinha que se vestir de noiva. Ele concordou na hora, sem pestanejar. Quando a gente foi discutir o cachê, ele só disse: *"Esquece!"*. Não quis receber nada. Ficou um dia lá no set filmando, fez tudo o que precisava, por amor à arte.

Em 1980, o produtor Pedro Rovai me convidou para adaptar e dirigir um filme baseado num livro da Adelaide Carraro, que era uma escritora erótica muito famosa naquela época.

O livro mais conhecido e escandaloso dela era *Eu e o Governador*. O Rovai me entregou um outro livro, *A Paranóica*, que contava o drama de uma moça rica (no filme, Nicole Puzzi) que se sente rejeitada pelos pais e irmãos. Um dia ela descobre uma farsa envolvendo a família e vinga-se usando todas as armas da sedução. Era uma história difícil, cheia de psicologismo e sexo, mas no final deu certo. Até hoje o Luiz Carlos Barreto me diz que o melhor filme dessa época do cinema erótico, para ele, é essa adaptação, que no cinema se chamou Ariella.

Dois anos depois, filmei uma história da Cassandra Rios, *Tessa, a Gata*.

Era um enredo mais complicado ainda, envolvendo um casal, uma mulher que estava envolvida amorosa-mente com a esposa, jogos de sadismo, uma intriga meio pesada, também com a Nicole Puzzi à frente do elenco. Preocupei-me muito sobre a forma mais correta de adaptar a história mas no final até que o filme saiu bastante sofisticado. Meu diretor de fotografia era o Carlos Reichenbach, o grande diretor do cinema paulista. Até hoje somos muito amigos.

Em 1981, fiz um filme chamado *Bacanal*. Esse título, que rendeu muito sucesso de público, tem uma história. O produtor era o Carlos Duque, dono da rede de postos de gasolina do mesmo

nome e um dos donos do Teatro Bibi Ferreira. Ele produziu muitos filmes naquela época, inclusive este, que era para se chamar *Férias de Verão*. Fizemos o filme com a Aldine Müller, uma das grandes estrelas então, com muitas cenas de nudez e praia. Era uma bobagenzinha, uma coisa ingênua. Aí eu sugeri ao Carlos Duque que mudasse aquele nome: *"Férias de Amor não vai dar dinheiro para nada. Dá o título de Bacanal"*. O Carlos se apavorou. Achava que não dava para usar um título assim, tinha medo de que a censura brecasse. Mas não aconteceu nada, o filme estourou e ele ganhou muito dinheiro.

Foi em 1981 também que eu fiz *O Gosto do Pecado*, com a Simone Carvalho, Maria Lúcia Dahl e o Jardel Melo. O diretor era o Cláudio Cunha, que tinha sido figurante na *TV Tupi*. Mas ele é muito batalhador e virou diretor nessa época áurea da Boca do Lixo.

Foi o Carlão Reichenbach também quem fez a fotografia de outro episódio que eu dirigi, em 1984, *Primeiro de Abril*, com argumento do Miguel Paiva, que fazia parte do filme *Os Bons Tempos Voltaram – Vamos Gozar Outra Vez*.

Contava a história de um coronel fanático pelo golpe de 1964, um sujeito bem hipócrita, daqueles que fazem discurso contra a decadência da moral e dos bons costumes mas fica bolinando as mulheres. Já se podia fazer esse tipo de gozação com os militares. A ditadura estava mesmo no fim.

Capítulo VI

Com o teatro na veia

Antes da criação do *TBC*, em 1948, o teatro no Brasil girava em torno dos ícones, que montavam suas companhias, geralmente no Rio de Janeiro – como Dulcina de Moraes, Odilon Azevedo e Procópio Ferreira. Em São Paulo, praticamente só existiam alguns grupos pequenos, amadores. Com o *TBC*, tudo mudou. Em primeiro lugar, eles agruparam em torno de si os grupos amadores. Depois, trouxeram da Europa diversos diretores, como Ruggero Jacobbi, Luciano Salce, Adolfo Celi, Flaminio Bollini, Zbigniew Ziembinski, que profissionalizaram rapidamente o teatro paulista, dando lições de como dirigir, montando regularmente os clássicos e peças dos mais importantes autores modernos (Sófocles, Goldoni, Pirandello, Schiller, Shakespeare, Tennesse Williams, Sartre) e cuja experiência acabou sendo aproveitada também no cinema e na televisão.

Eu mesmo tenho uma dívida profissional com alguns desses diretores, muito embora eu e a Eva nunca tenhamos trabalhado no *TBC*. Recebemos convites, mas acabou não dando certo. Ainda assim, devo ao Jacobbi minhas primeiras lições de teatro, no curso que fiz com ele quando freqüentava a *Cinemateca do MAM*. Com o Salce, fiz meus dois primeiros filmes, *Uma Pulga na Balança* e *Floradas na Serra*. O Celi, finalmente, tornou-se um grande amigo de toda a vida.

Foi sob a direção do Celi que eu e a Eva fizemos uma peça lá no Rio de Janeiro, *Boeing Boeing*, no *Teatro Copacabana*, em 1963. Fomos convidados pelo Oscar Ornstein, gerente-geral do *Copacabana Palace*, que também produzia as peças. O Jardel Filho, meu colega em *Floradas na Serra*, estava no elenco. Nessa época, eu e a Eva éramos muito famosos por causa do *Alô Doçura*. Então, nos convidar era o equivalente a botar no elenco os atores de uma novela das oito hoje. Mudamo-nos para o Rio, com armas, bagagens e filhos, a convite do Ornstein, que nos ofereceu também a hospedagem.

Ficamos uns seis meses morando no *Copacabana Palace*, com uma babá por conta dele para as nossas crianças. Depois, como a peça fez muito sucesso, ele nos alugou um apartamento, na Rua Francisco Otaviano, não muito distante do hotel. *Boeing Boeing* tinha sido um estouro mesmo. Fizemos aquele espetáculo 640 vezes, também no *Teatro Carlos Gomes*, depois temporadas em São Paulo e Porto Alegre.

Nessa época em que moramos no Rio, nos tornamos muito amigos do pessoal da Bossa Nova, que estava no auge: Tom Jobim, Baden Powell, Vinicius de Moraes, Carlos Lyra, Mièle. Toda essa turma a gente encontrava nos bares, depois começamos a freqüentar a casa uns dos outros. Eles iam todos lá no nosso apartamento da Francisco Otaviano para conversar, tocavam juntos, era uma festa.

O Rio nos anos 60 era uma cidade muito tranqüila. Não tinha todo esse problema de violência. Lembro que uma noite saímos juntos eu, Eva, o Gianfrancesco Guarnieri, o Carlinhos Lyra. Estávamos andando pela rua às 4 horas da manhã, quando começou a chover. E o Carlinhos Lyra disse: *"Puxa, por que estamos todos juntos aqui, às quatro horas da manhã, na chuva? É porque a gente se ama!"*. Era tudo muito suave, a gente não tinha medo de nada. É um período da minha vida que recordo com muito carinho.

Pouco depois da estréia de *Boeing Boeing*, o ator francês Jean-Paul Belmondo veio ao Rio, para fazer um filme cômico, *O Homem do Rio*, do Philippe de Broca, em que o Celi também atuou.

O filme repercutiu muito na Europa e o Celi acabou sendo convidado para interpretar o vilão num filme do James Bond. Ele fez o Emílio Largo, em *007 Contra a Chantagem Atômica* (1965). O fato é que ele foi filmar na Europa e nunca mais voltou para o Brasil. Da mesma maneira que o Salce, que tinha retornado à Itália e decidiu ficar por lá.

Mas as sementes que esses diretores do *TBC* plantaram deram frutos extraordinários. Dali saíram inúmeros talentos. Dos atores, Paulo Autran, Tônia Carrero, Sérgio Cardoso Cleyde Yaconis, Fernanda Montenegro. Dos diretores, Flávio Rangel e Antunes Filho, meus velhos colegas da *Cinemateca do MAM*.

Com o Antunes, eu produzi três peças, entre o final dos anos 60 e o começo dos 70. Época da ditadura brava. Em 1967, chamei o Antunes para dirigir *Black-Out*, do Frederick Knott. No cinema, o Terence Young tinha filmado uma versão neste mesmo ano, *Um Clarão nas Trevas*, com a Audrey Hepburn no papel da cega que tem o apartamento invadido por bandidos à procura de drogas que esconderam ali, mas ela não sabia

Black-Out, com Lúcia Veríssimo e Jacques Lagoa

No começo, o Antunes recusou: *"Já dirigi Shakespeare, tanta coisa séria, você agora quer que eu dirija um policialzinho..."*. Sempre com aquele gênio forte dele, mas é um profissional competentíssimo. Eu insisti: *"Vamos lá, Antunes, você sabe fazer isso tão bem"*. E ele dirigiu mesmo um espetáculo estupendo. Aliás, a Regina Duarte praticamente estreou na carreira no elenco dessa peça, no *Teatro Aliança Francesa*. Ela era estrela de telenovela na *TV Excelsior* mas, no teatro, foi esse o primeiro trabalho dela de grande repercussão.

Em 1968, trabalhei de novo com o Antunes, eu como produtor, ele como diretor. Desta vez, montamos *A Cozinha*, de Arnold Wesker, no Teatro Copacabana. Foi outro celeiro de talentos. Eu e o Antunes lançamos trinta e dois atores só nessa peça. Começaram aí Bete Mendes, Irene Ravache, Ewerton de Castro, Flávio Porto, Cláudia Melo, Ivete Bonfá, Ricardo Petraglia. Era o segundo papel importante do Juca de Oliveira. Foi o Antunes quem testou todo mundo. Ele tem um tremendo faro para descobrir atores.

Impressionante como nessa época a gente conseguia produzir uma peça com o próprio dinheiro, com o que ganhávamos na televisão. Não existia patrocínio. Hoje em dia, não há a menor condição disso se repetir. A produção encareceu demais. O diretor ganhava então 3%, ou seja, um fixo, depois mais 3% enquanto estava acompanhando a peça nas turnês. Se ele não viajasse, saía da folha de pagamentos. Hoje, não. O diretor ganha 10%, 12%, até o final da temporada. Além do mais, só com mídia, divulgação, às vezes se gasta o triplo do custo de uma peça. E patrocínio, só com grandes nomes envolvidos. Imagina se alguém, naquela época ou hoje, ia financiar um espetáculo com 32 novatos!

Ainda trabalhei com o Antunes uma terceira vez, em 1975, produzindo a peça *Tome Conta de Amélie*, do Georges Feydeau, com um elenco liderado pela grande dama do teatro, a Maria Della Costa. Também fiz um pequeno papel, uma ponta numa festa, no único filme que ele fez para o cinema, *Compasso de Espera*, feito em 1969 mas só lançado em 1973, por causa de problemas com a censura.

Cenas de Tome Conta de Amélie

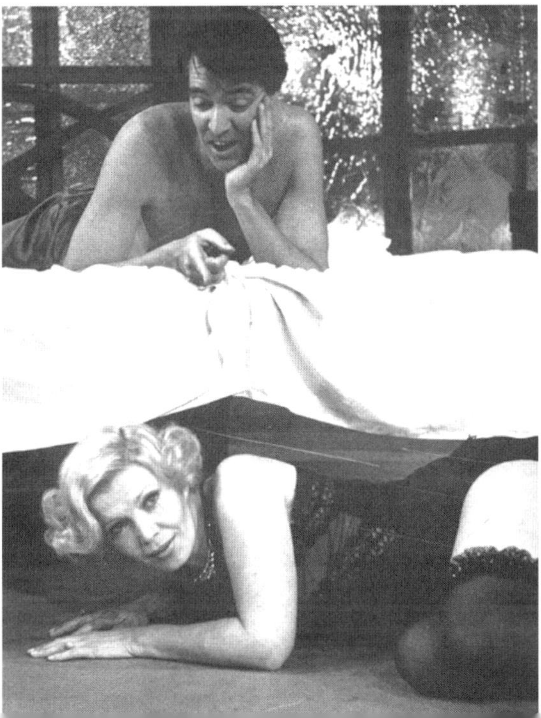

Produzir teatro no auge da ditadura militar não era nada fácil. Foram vinte anos de censura feroz. Proibia-se tudo. Tive uma experiência traumática quando produzi *Os Rapazes da Banda*, em 1970, que montei logo depois de *A Cozinha*. Produzi *Os Rapazes da Banda* também sozinho, sem sócio, sem patrocínio, com o meu dinheiro e da Eva. Quando fui estrear a peça, bati de frente com a censura. Disseram-me que o texto estava proibido no Brasil e me exigiram que mostrasse a peça para liberar. Os censores só liberariam o espetáculo se o assistissem antes. Não adiantava mandar só o texto. Isso era uma crueldade, faziam isso de propósito. Mesmo assim, decidi tentar. Eu mesmo tinha produzido tudo com meu dinheiro, tinha um elenco bom, diretor bom, acreditava no espetáculo. O diretor era o Maurice Vaneau e eu tinha como atores o Walmor Chagas, Dênis Carvalho, Freddi Kleemann, Otávio Augusto, Benedito Corsi, um elencaço. Eu mesmo também atuava.

Marcamos uma data e montei a peça para os censores, que vinham de Brasília para assistir aqui em São Paulo.

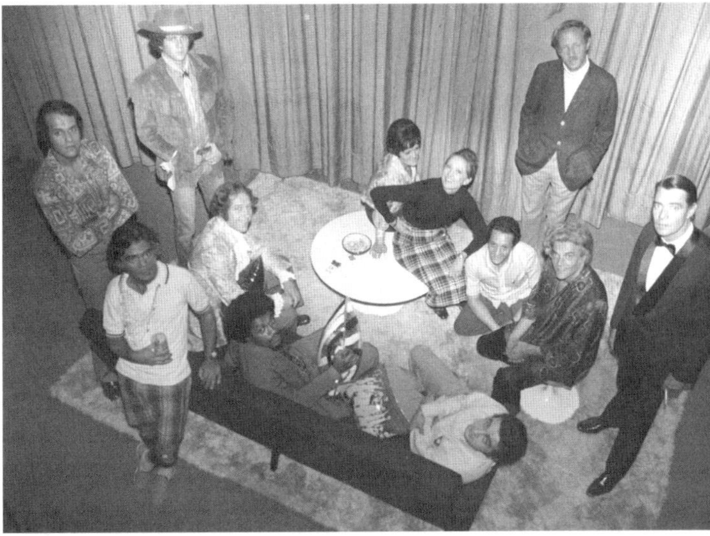

O censor, aliás, chamava-se Carlos Caldas Graieb, era o pai da Glauce Graieb, atriz que fez muitas novelas no SBT. Ele chegou com um assistente. Montamos a peça para os dois, jogamos nossa vida ali. Tudo podia ir por água abaixo se eles vetassem o espetáculo. Quando acabamos, o Graieb subiu no palco e disse: *"Parabéns, vocês fizeram um espetáculo maravilhoso! Vou mandar já um telegrama para Brasília dizendo que, por mim, está liberado. A peça é obrigatória ser apresentada, é um texto muito bom"*. Foi um alívio. Eu montei a peça ali no *Teatro Cacilda Becker*, que naquela época ficava dentro da *Federação Paulista de Futebol*, na Av. Brigadeiro Luiz Antônio (hoje é na Rua Tito, na Lapa). Foi uma temporada espetacular, todo dia com casa cheia. Todo mundo ganhou um bom dinheiro. Eu pagava as contas em dia. Seis meses depois, a gente devia embarcar para o Rio de Janeiro, tínhamos reservado o *Teatro Maison de France*. Já era 1971. Eu devia ter ficado mais em São Paulo, o sucesso era grande, mas pensava que depois a gente poderia voltar. Então estreamos lá no Rio.

Foi um sucesso na estréia, casa lotada. Três dias depois, baixa o DOPS, polícia, exército e decretam: *"Está fechado! Está proibida a peça"*. Não teve jeito, suspendemos tudo. Contratei um advogado no Rio, Benedito Abicair, batalhamos muito. Foi kafkiano, porque ninguém sabia dizer o motivo da proibição depois daquela temporada de seis meses em São Paulo. Apesar do esforço, não conseguimos liberar. Fui obrigado a dispensar todo o pessoal, enquanto tentava resolver o impasse. Fui umas oito vezes para Brasília e nada. Gastei tudo o que tinha ganho com a peça, mas não me conformava.

Foram dois meses assim, nessa batalha inglória. Mandavam-me de um lado para outro, aquele jogo de empurra de um funcionário público a outro, de uma repartição para outra, uma arbitrariedade sem fim. Aí um belo dia um funcionário lá em Brasília me aconselha mandar bater de novo o texto, tirando os palavrões, e enviar outra vez para a censura. Pura maldade deles, porque a peça não tinha praticamente nenhum palavrão. Mesmo assim, resolvi tentar, mandei bater de novo todo o texto, tirei três ou quatro palavras no máximo e enviei. Surpresa! Agora liberaram. Eles não tinham noção do que estavam fazendo. Foi pura safadeza.

Só que a esta altura eu já tinha perdido o teatro, o Paulo Autran estava lá com um espetáculo dele. Tive que refazer o elenco, chamei alguns atores que tinham ficado no Rio, como o Dênis Carvalho, o Raul Cortez substituiu o Walmor Chagas e remontei a peça no *Teatro da Lagoa.* Ficamos lá algum tempo mas não foi mais a mesma coisa. Não tinha mais aquele elã. Depois voltei para São Paulo, no *Teatro Oficina*. Foi mais ou menos, deu para sobreviver. Mas eu perdi muito dinheiro por causa dessa censura. Tive de vender uma casa que estava construindo no Morumbi, quase pronta, para pagar dívidas. Uma coisa absurda, por nada. Até hoje não sei porquê. Ouvi dizer que a mulher de um daqueles generais que estavam por cima naqueles dias viu a peça e tinha se chocado com a temática homossexual e isso motivou a proibição.

Pela primeira vez via-se aqui uma peça séria sobre o assunto, muito inteligente e engraçada também.

Anos depois, o espetáculo foi remontado mas já levaram para o esculacho. A nossa versão não era assim.

Ainda no *Teatro Oficina*, em 1971, eu produzi *Pequenos Assassinatos*, também com um elenco espetacular: Antonio Fagundes, Othon Bastos, Tony Ramos, Cláudio Corrêa e Castro, Yolanda Cardoso, Eva Wilma, Elias Gleiser. Era uma peça ótima, do Jules Feiffer, até um pouco avançada para a época. O cinema americano já tinha feito uma versão da peça em 1971, dirigida por Alan Arkin, com Elliot Gould, Vincent Gardenia e Donald Sutherland. A história tinha esse aspecto da violência gratuita, um assunto que ainda não era muito abordado na época com aquela franqueza. Mas foi muito bem-recebida e não teve problemas com a censura.

Em compensação, eu tive um entrevero com o José Celso Martinez Corrêa, o dono do *Oficina*. Estamos lá, às vésperas da data de estréia, e o José Celso me diz que eu não podia estrear. *"Você não pode estrear, o teatro é meu e eu preciso"*. Foi uma coisa muito desagradável. Tive que bater o pé, lembrar a ele que nós tínhamos assinado um contrato. Ele não se conformava, dizia que tinha uma peça dele para montar lá e que o teatro era dele, ponto. Tive de chamar um advogado, o Sérgio Dantino, para resolver a questão.

Aí eu montei *Pequenos Assassinatos*. Ficamos no *Oficina* uns três meses e o José Celso sempre me pressionando para sair. A sorte foi que eu tinha um bom contato na *Aliança Francesa* e consegui o teatro deles lá na Rua General Jardim, no centro, onde eu tinha montado *Black-Out* e *A Cozinha*. Fiz uma longa temporada no *Aliança Francesa* com *Pequenos Assassinatos*. Era uma peça difícil mas inteligentíssima. Depois eu fiz ali mesmo também uma co-produção com o Jô Soares, *Todos Amam um Homem Gordo*.

Nunca dirigi em teatro. Mas produzir eu gosto muito. Envolvo-me muito com tudo, texto, cenário. Todo esse tempo que trabalho no teatro, no cinema, aprendi a prestar atenção em todos esses detalhes de uma produção, tudo aquilo que é necessário para um espetáculo existir e respirar. É uma experiência muito realizadora, além de ser uma das poucas maneiras de se conseguir realmente ganhar algum dinheiro com arte.

Foi co-produzindo a adaptação de uma peça, *Toda Donzela Tem Um Pai Que é Uma Fera* (1966), do Roberto Farias, a única vez em que eu realmente ganhei dinheiro com cinema. Eu conheci o Roberto Farias quando filmei *O Petróleo é Nosso*, porque ele foi muito tempo assistente do Watson Macedo, na *Atlântida*. Naquela altura dos anos 60, o Farias tinha o projeto de fazer uma comédia, um gênero que andava meio sumido no auge do *Cinema Novo*, que gerou tantos filmes sérios. Ele sugeriu então que nós produzíssemos a peça do Gláucio Gil, *Toda Donzela Tem Um Pai Que é Uma Fera*. O Gil já era falecido, mas nós negociamos os direitos com os herdeiros. Fiz uma adaptação, ele escreveu o roteiro. Ficou bem engraçado. Tinha uma influência daqueles primeiros filmes dos Beatles, um humor um pouco anárquico. Eu mesmo fazia o Porfírio, um dos personagens principais, que de repente virava o James Bond no filme. Numa cena, eu saía de uma daquelas barcas da Pça. XV, no Rio, de escafandro.

Quando tirava o escafandro, eu estava de smoking por baixo. O filme fez muito sucesso e ainda estimulou o Domingos de Oliveira a lançar o primeiro filme dele, *Todas as Mulheres do Mundo* (1967). Ele tinha esse projeto guardado mas sentia um pouco de receio de fazer um tipo de filme como aquele, romântico, mais descompromissado, por causa da ação daquelas *"patrulhas ideológicas"*, do pessoal mais aguerrido do *Cinema Novo*, que cobrava muito o engajamento dos colegas até no trabalho, como um posicionamento sem tréguas contra a ditadura militar. Havia um grande exagero nessa cobrança, como se viu depois. Lembro que o Domingos dizia: *"Nossa, eu vou fazer esse filme, vão cair em cima de mim..."*. No final, depois do sucesso de *Toda Donzela Tem Um Pai Que é Uma Fera*, ele tomou coragem e fez um grande filme, além de ter lançado a Leila Diniz como nova musa. Para mim, o Domingos é o nosso Woody Allen, o Woody Allen do Leblon.

Cena de Escravos do Amor das Amazonas

Capítulo VII

Um olhar para o mundo

Toda aquela efervescência vivida na cultura brasileira a partir dos anos 50 atraiu a atenção dos estrangeiros. Foi um momento de abertura da nossa produção cultural para o mundo e vice-versa. Como tinha acontecido no teatro, que trouxe diretores e técnicos de fora, o mesmo aconteceu no cinema. No final dos anos 50, participei de algumas co-produções americanas, que eram filmadas aqui e levadas para o exterior. Eu levava a vantagem de falar bem o inglês, coisa que aprendi lá no meu colégio alemão. O primeiro filme nessas condições foi *Escravos do Amor das Amazonas* (1958), dirigido pelo Curt Siodmak, irmão caçula do diretor Robert Siodmak. Era uma co-produção feita com a *Vera Cruz*. Eu estava filmando *Floradas na Serra* quando me convidaram para um pequeno papel, que era de um gerente de hotel que recebia alguns americanos e falava com eles.

No elenco, tinha o Don Taylor, que depois virou um bom diretor.

A outra co-produção americana foi *A Moça do Quarto 13* (1959), do Richard Cunha, onde eu havia tido uma das primeiras experiências na direção, como assistente dele.

Em 1962, participei também de uma co-produção entre o Brasil, a Itália e a França que tinha como cenário mais uma vez o Rio de Janeiro e o lendário hotel *Copacabana Palace*, na Av. Atlântica. O filme chama-se justamente *Copacabana Palace*. O diretor era o italiano Steno, que tinha dirigido várias comédias com Totò, Alberto Sordi e Ugo Tognazzi. No elenco de *Copacabana Palace*, havia vários atores internacionais como a Sylva Koscina (uma iugoslava que foi morar na Itália e virou estrela por lá), Walter Chiari, Franco Fabrizzi, fora grandes nomes nacionais, como a Tônia Carrero. Era um filme muito musical, usando o Carnaval como pano de fundo para intercalar várias histórias envolvendo celebridades e vigaristas. Como havia muita música, participavam em algumas pontas cantores como João Gilberto e Dóris

Monteiro. Na trilha sonora, havia canções de Tom Jobim, Ary Barroso, Luiz Bonfá, Heitor dos Prazeres, Vinicius de Moraes. A fina flor da música brasileira, num produto de exportação das belezas do Rio.

Como eu era fluente em alemão, participei também de alguns filmes e até de uma peça falada nessa língua, já nos anos 60. Aliás, eu comecei no teatro por conta disso, com aquela minha fala no *Fausto*, ainda nos meus tempos de colégio. Muitos anos depois, em 1961, eu fiz uma peça inteira em alemão, *Bei Anruf Mord*, que em português é *Disque M para Matar*, de Frederick Knott (o mesmo autor de *Black-Out*).

Naquela altura, o Alfred Hitchcock já tinha feito o filme dele, com grande sucesso (em 1954). Era uma produção de um grupo da colônia alemã, que montava essas peças para os alemães e seus descendentes, uma ou duas vezes por ano. Tinha muito público. Também fiz uma leitura dramática de *Galileo Galilei*, de Bertold Brecht, no original, quase na mesma época.

No cinema, fiz três filmes falando alemão, todos rodados aqui mesmo. Os dois primeiros foram co-produções da *Vera Cruz*.

O primeiro foi *Mulher Satânica*, de Alfons Stummer (1964), tendo como atores brasileiros Sérgio Hingst, Marlene França, eu, Astrogildo Filho e alguns alemães. O segundo foi *Convite ao Pecado* (1965), de Horst Haechler, uma comédia que tinha no elenco um espanhol, Gustavo Rojo, na época o namorado da Brigitte Bardot. Inclusive no set ele vivia falando dela, estava muito apaixonado. De atores brasileiros, estávamos eu, a Eva Wilma, a Marly Marley e alguns outros.

O terceiro filme alemão, em 1967, foi *Helga Und Ihre Manner* (em português, *Helga e seus*

Cena de Convite ao Pecado

Homens), do diretor Roland Cämmerer. Este era uma espécie de documentário educativo que vieram filmar aqui, com intuito de promover a educação sexual na Alemanha. No final de contas, a situação ficou engraçada mas a intenção era séria. Inclusive, era um filme co-patrocinado pelo governo alemão.

A Helga era o nome da personagem, uma estudiosa do comportamento sexual, vivida pela atriz alemã Ruth Gassman, que a interpretou em pelo menos mais um filme parecido.

No caso de *Helga...*, os produtores chegaram ao

Brasil procurando um ator que falasse alemão. Chegaram ao meu nome. O mais engraçado é que no final me convidaram também para participar da seleção das meninas brasileiras que apareceriam nuas no filme. Então, chegaram umas cinqüenta candidatas. Estamos numa sala eu, o diretor, o assistente, o produtor. Elas iam entrando, todas sem roupa e eles me consultavam: "É um tipo brasileiro?". Nossa, escolhemos cada moça bonita! Dias depois, filmamos a história na Restinga da Marambaia, no Rio, que era um lugar deserto.

De roupa mesmo ficávamos só eu e a Ruth, que fazíamos dois professores que analisavam o comportamento sexual dos jovens. Imagino isso passando no cinema na Alemanha. Você pode até pretender que seja educativo mas a rapaziada com certeza foi assistir como filme erótico.

Mas o mais perto que eu cheguei de ter um contrato para uma carreira internacional foi em 1968, quando fiz uma viagem aos EUA com a Eva Wilma. Eu tinha acabado de receber um prêmio da *União Cultural Brasil-Estados Unidos*, de melhor produção americana para a peça *Black-Out*. Através de um contato no consulado americano de São Paulo, acabei recebendo um convite para visitar os EUA, com a Eva, com tudo pago pelo Departamento de Estado, que naquele tempo promovia programas de intercâmbio para artistas. Uma viagem sem nenhum compromisso nem contrapartida, só mesmo para conhecermos a área cultural.

Chegando a Washington, procuramos um representante da área cultural do Departamento de Estado, que foi super-solícito. Colocou-se à nossa disposição para tudo, nos aconselhou a ir não só a Nova York, à Broadway, mas também a Minneapolis, onde havia um teatro muito bom, e ao Novo México, Nevada e Los Angeles. Ele queria que a gente fizesse todos os trajetos de avião, porque assim seríamos recebidos por representantes do governo em cada aeroporto. Então sugeri que viajássemos de carro, já que nós dois falávamos bem inglês, porque aproveitaríamos mais. Ele acabou concordando.

Fomos de avião para Santa Fé e lá havia um carro

nos esperando. Fizemos uma viagem maravilhosa, em pleno verão. Rodamos cinco mil quilômetros de automóvel. De Santa Fé, fomos para Taos, uma cidade indígena no Novo México, um refúgio de artistas, pintores, escritores, etc. Depois, viajamos para Denver, San Francisco, Los Angeles. Conhecemos até Carmel, na Califórnia, terra do Clint Eastwood, que é um dos meus ídolos.

Quando chegamos a Los Angeles, fomos conhecer os estúdios. Éramos super bem-tratados, como visitantes mandados pelo Departamento de Estado. Nessas condições, todo mundo estende o tapete vermelho, você almoça com os executivos, te levam para conhecer tudo. Fomos à Metro, à Universal, à 20th Century Fox. Um dia, estávamos no hotel quando me ligaram da Fox. Perguntaram se eu podia passar lá no dia seguinte para ter um contato com o Ted Post, por coincidência, o diretor que dirigiu o primeiro filme do Eastwood quando ele voltou da Itália (*A Marca da Forca*). O Post queria fazer um filme no México e havia a possibilidade de um papel para mim.

Mas, antes de mais nada, eu precisava contratar um agente, porque nos EUA você não pode trabalhar se não tiver um. Indicaram-me um profissional, o sr. Olenik, e eu fui conversar com ele. De cara, ele me desiludiu. Disse que o Post era um diretor muito fantasioso e que essa história de filme no México tinha uma chance muito remota de acontecer. Em todo caso, ele me pediu para mandar fotos e meu currículo para ele. Em compensação, apareceu uma possibilidade mais concreta de trabalho para a Eva. Este sr. Olenik tinha um contato na Universal, que produzia os filmes do Hitchcock. Naquela altura, procurava-se atores para o elenco de *Topázio*. A Eva então tirou mil fotografias, que depois foram mandadas ao Hitchcock. E nós continuamos viajando. Fomos para Nova York, assistíamos todo dia a duas peças. Foi a partir dessa viagem inclusive que resolvi produzir *Pequenos Assassinatos*, que havia assistido no teatro *Tyrone Guthrie*, em Minneapolis, e *Os Rapazes da Banda*.

Duas semanas depois de voltarmos para o Brasil, recebemos um telegrama, pedindo para a Eva voltar a Los Angeles, para fazer um teste para o filme do Hitchcock. Vinha a passagem, primeira classe, e ainda ela ganhava uns 500 dólares por semana, mais ajuda de custo e todas as despesas pagas. E lá foi ela. Chegou lá, ficou num hotel cinco estrelas e passou por um teste muito complicado. Na Universal, foi ao escritório do Hitchcock. Ele olhou para ela e a primeira coisa que comentou com o assistente foi: *"Mas o que nós vamos fazer com os dentes dela?"*. A Eva tinha um dente um pouquinho encavalado em cima do outro, uma coisinha de nada. Mesmo assim, ele mandou que colocassem uma capa naquele dente. E ainda implicou com o penteado, tinha de arrumar o cabelo de modo diferente e ainda colocar seios postiços, para aumentar. Só assim podia fazer o teste. Uma pressão enorme logo de início.

Fizeram tudo o que o Hitchcock pediu e ela foi fazer o teste. Era uma cena num quarto, onde ela tinha que entrar e falar com outro ator. O assistente ensaiou a cena. Quando foi rodar o teste, veio o Hitckcock e falou: *"Roll it!"* (Roda!). Ela fez o teste, agradeceram muito. Ela ainda ficou uns três dias lá. Algum tempo depois da volta ao Brasil, chegou uma carta dizendo que o teste dela tinha sido aprovado, mas que o diretor queria um outro tipo para o filme. Era o papel de uma cubana chamada Juanita de Córdoba e que acabou ficando para uma atriz alemã, Karen Dor. Ainda assim, avisavam a Eva de que havia uma soma depositada no Banco de Boston, referente a um dia a mais que ela ficou por lá. No final, foi uma experiência marcante, um teste em Hollywood.

No meu caso, nunca mais ouvi falar do filme do Ted Post. Foi um daqueles muitos projetos que começam mas nunca são realizados. Mas a viagem valeu mesmo pelo intercâmbio cultural, que gerou a produção daquelas peças. Um tipo de vivência que é super-importante para todo artista.

Uma outra viagem ótima que eu e a Eva fizemos foi no vôo inaugural da *BOAC* (*British Overseas Airways Corporation*), num avião *Comet* que iniciava a sua linha da América do Sul, em 1960. Hoje em dia essa companhia mudou de nome, é a *British Airways*.

Aí fomos convidados num vôo que era só com agentes de turismo. Viajamos para Londres, ficamos instalados num hotel absolutamente incrível, merecia sete estrelas, cinco era pouco – *Grovenor House Hotel*. Eles foram tão gentis conosco que nos dispensaram da programação de turismo e arrumaram uma visita ao estúdio *Elstree* e também para darmos uma entrevista na *BBC*. Nesse estúdio estava sendo filmado *Peregrina da Esperança* (*The Sundowners*), com Robert Mitchum, Deborah Kerr, Peter Ustinov. O diretor era o Fred Zinnemann. Fomos apresentados a todos, batemos um longo papo com o Mitchum, a Deborah, o Peter Ustinov. E assistimos à filmagem. Tinha uma cena grande num bar, construído no cenário. Gastaram o rolo inteiro do filme num take, dez minutos de cena. Entra um, sai outro, vai pra lá, para cá. E depois fizeram o que eles chamam de *cover shots*, para introduzir os cortes com os detalhes. Foi uma experiência ótima.

Em seguida fizemos a entrevista de rádio, na *BBC*. Perguntaram sobre o programa que a gente fazia na TV, se era parecido com *I Love Lucy*.

Quando saímos, pediram para a gente assinar um papel. Era o recibo do cachê do sindicato. Diziam que todo entrevistado recebia um cachê, era a regra. E não era pouco, acho que umas cem libras.

E foi lá nessa vez em Londres que eu vi um dos musicais mais maravilhosos da minha vida: *West Side Story*. Assistimos a outras peças também. Levaram-nos para ver tudo que a gente quis. Como a volta ao Brasil estava em aberto, fomos até Paris, depois visitei meus parentes em Hamburgo. Ainda conheci minha avó materna, a inglesa, que eu nunca tinha encontrado pessoalmente. Atravessamos a Alemanha de carro e fomos visitar os parentes da Eva Wilma, em Stuttgart. Uma viagem incrível.

No ano seguinte, 1961, fomos convidados de novo para ir a Roma para o *Festival de Cinema Brasileiro* – organizado pelo Fernando de Barros, em Santa Margherita Ligure, perto de Portofino. Depois ficamos uma semana em Roma, fazendo uma promoção do cinema nacional. Visitamos a *Cinecittà*, fomos a Milão, Veneza. Um banho de Itália.

Capítulo VIII

Experiências heterodoxas de um galã

Fora a pornochanchada, poucos gêneros cinematográficos resistiram no Brasil assombrado pela ditadura militar – como o cangaço, o cinema marginal e o experimental. Participei de alguns desses filmes, onde eu desligava por completo a minha chave de galã.

Fiz dois filmes de cangaço. O primeiro, *O Cangaceiro Sangüinário* (1967). O outro foi *Corisco, o Diabo Loiro* (1967), com a Leila Diniz, que foi uma grande figura - pena que tenha morrido tão jovem. Esses filmes todos eram feitos em Itu, porque na época a cidade abria as portas, oferecia facilidades como alimentação e hospedagem para as equipes. A outra vantagem era que a paisagem lá era bem árida e com muito sol, lembrando o Nordeste, cenário ideal para essas histórias.

Em *O Cangaceiro Sangüinário*, passei um apuro danado. Tinha uma cena de luta de faca com o

Maurício do Valle, que foi meu grande amigo. Para convencer que estava lutando em igualdade de condições com ele, que era muito forte, a gente se machucou bastante. Não um ao outro. Ferimo-nos caindo no chão, nas pedras, no gramado. Mas mesmo assim, a cena saiu bem. O mais difícil era convencer que eu podia ganhar dele. Briga de faca é a pior que pode haver em cinema, a mais imprevisível. Revólver, soco, a gente controla melhor. Com faca nunca sabe o que vai acontecer. Ainda mais porque não tinha dublê, como em Hollywood. Éramos nós dois mesmo, numa ação de risco.

Numa outra cena nesse mesmo filme, os cangaceiros me agarravam e me arrastavam amarrado num cavalo. Também sem dublê. No começo da cena, iam me filmar em close. Depois, quando entrava em cena o cavalo, colocava-se um boneco no meu lugar para que eles arrastassem, filmando de longe.

Quando me puxaram para fazer essa primeira parte da cena – sem cavalo - usaram tanta força que eu caí, quebrei a clavícula. Nunca senti tanta dor na minha vida.

Tive uma luxação terrível, fiquei dias sem filmar, foi uma coisa absurda.

O Cangaceiro Sanguinário (acima) e Corisco... (abaixo)

Já em *Em Cada Coração um Punhal* (1969), eu tive uma experiência completamente maluca. O filme era realmente experimental. Eram duas histórias. A primeira, *Transplante de Mãe*, dirigida pelo Sebastião de Souza, era inspirada naquela famosa música *Coração Materno*, do Vicente Celestino. Um homem entrega o coração da mãe para a namorada, literalmente, e isso foi adaptado para o cinema na base da supergozação. Ficou uma brincadeira em cima da esculhambação brasileira. A minha namorada era a Etty Fraser, era eu quem dava o coração para ela. A minha mãe era Liana Duval. Eu pegava um coração, acho que era de boi, e entregava para ela. Era uma gargalhada só, a Etty se fazendo de jovem donzela. Era muito engraçado. Aliás, a história é a mesma daquele curta que passou no Festival de Gramado/2003, *Amor Só de Mãe* – só que a abordagem aí foi muito mais violenta. *Transplante de Mãe* era gozação mesmo.

A segunda história do filme era *Filho da TV*, do João Batista de Andrade, com a Joana Fomm. Nesse episódio, aconteceu uma outra história engraçada. Numa cena, a Joana, cuja personagem estava grávida, caía num rio e tinha que fingir que estava se afogando, para depois ser salva por mim. Todo mundo teve um ataque de riso na hora, porque o rio em que ela fazia a cena era tão raso que ficou ridículo.

Ficava difícil convencer do perigo numa situação assim. Enfim, o filme tinha um certo componente de maluquice. Mesmo assim, funcionava. A gente estava filmando *Em Cada Coração Um Punhal* em Nazaré Paulista, no campo. Um dia, estamos indo para a cidade, no carro, eu e a Etty. Aí um sujeito nos parou e disse: *"Puta merda, madame Valeska* (um personagem que a Etty estava fazendo na TV, um sucesso louco) *e o Johnny Herbert!"* Ele quase caiu no chão de susto ao ver que éramos mesmo nós. Foi muito engraçado.

Agora um filme muito parecido com esse, como experiência, foi o do Antônio Calmon, *O Capitão Bandeira contra o Dr. Moura Brasil* (1971). Ele tinha sido assistente do Glauber Rocha em *Terra em Transe* e *O Dragão da Maldade contra o Santo Guerreiro* e estreou na direção com esse trabalho. Tinha um grande elenco: Cláudio Marzo, Hugo Carvana, Sônia Braga, Dina Sfat. Contava a história de um empresário (Marzo) que tinha uma vida certinha e feliz mas começava a ser atormentado por incertezas e entrava na maior paranóia.

O Hugo Carvana era o extremo oposto, fazia o papel de um malandro sem nenhuma preocupação. Era uma história ao mesmo tempo muito anárquica e uma crítica feroz contra a ditadura, que estava naquele momento em sua fase mais sombria. Moura Brasil é mesmo o nome do colírio, que o pessoal usava para tirar a vermelhidão dos olhos quando fumava maconha. Era um filme muito bom, completamente avançado, seria um trabalho para mandar ao F*estival de Sundance* hoje.

Outra experiência extraordinária, embora um pouco caótica, foi *Cléo e Daniel* (1970), do Roberto Freire. Ele era um psicanalista e dramaturgo consagrado, que escreveu esse romance e foi um bestseller na época. Daí, resolveu ele mesmo dirigir a adaptação para o cinema. Mesmo não tendo experiência na área, ficou uma coisa muito bem-feita. A fotografia era do húngaro Rudolph Icsey, um ótimo profissional dos quadros da *Vera Cruz*. Os protagonistas eram a Irene Stefânia e o Rodrigo Santiago que viviam um casal de adolescentes desajustados e apaixonados.

Eu fazia o papel do psiquiatra, o alter-ego do Freire, que tentava ajudar os meninos. Acontece que o dinheiro da produção acabou, as filmagens pararam e foram retomadas depois, com bem menos recursos e outra equipe técnica. Mesmo assim, o resultado ficou muito bom.

Cléo e Daniel, com Irene Stefânia

Capítulo IX

Balanço de uma vida de ator

Nesses meus 52 anos de carreira, trabalhei com praticamente todos os atores do Brasil, em cinema, teatro e televisão. Outro dia, comecei de brincadeira a fazer uma lista e passava de duzentos. Guardo muito boas lembranças de todo esse tempo. Vi muita coisa começar neste país. Como a televisão, as novelas.

A emissora que deu o ponto de partida às novelas foi a *TV Excelsior*, com algumas produções mexicanas. O primeiro grande sucesso foi *A Moça que Veio de Longe* (1964), da Ivani Ribeiro, com o Hélio Souto e a Rosamaria Murtinho. O padrão para a televisão brasileira foi mesmo criado pela *Excelsior* e a *Tupi*, as duas emissoras de ponta naquela altura. No começo, os modelos das novelas eram as mexicanas e cubanas, que já tinham tradição antiga e eram adaptadas aqui, antes que os brasileiros inventassem a sua própria receita.

A *Globo*, que era então uma emissora pequena, adaptava histórias da cubana Glória Magadan. As histórias da Glória eram cheias de castelos, heróis de capa-e-espada, sempre ambientadas fora do Brasil. Mas não demorou muito e se começou a procurar uma identidade nacional para as novelas. A Janete Clair, que já tinha escrito muitas radionovelas para a *Rádio Nacional*, começou na *Tupi*. Foi a Janete, e o Dias Gomes também, que mudaram toda a linha da teledramaturgia brasileira, que vingou na *TV Globo* e está aí até hoje. Nasceu aí um novo modelo de teledramaturgia e um produto de exportação.

Mesmo tendo sido a primeira emissora, a *Tupi* não foi a pioneira nas novelas. A princípio, produzia-se ali muitos teleteatros. Fazendo um balanço da história da nossa televisão, acho que nunca se fez justiça ao Cassiano Gabus Mendes. Foi ele quem criou essa grade da programação de TV que todas as emissoras seguem hoje. Foi o primeiro diretor artístico da *Tupi*. Foi ele quem incentivou os teleteatros, quis encenar os grandes autores clássicos, como Shakespeare, ao vivo.

Ele atravessou mais de 40 anos da história da TV e foi um criadores da nossa televisão, junto com o Edson Leite, que era da *Excelsior*. Foram eles que inventaram esse modelo atual do nada, experimentando, testando.
Os teleteatros em geral também eram sempre histórias estrangeiras. O Walter George Durst, por exemplo, adaptou muitos filmes americanos, como *...E O Vento Levou*, que a gente encenava ao vivo. Nada era gravado. A TV começou em 1950 e a gravação só chegou em 1959. Os incidentes que ocorriam de vez em quando eram muito engraçados. Eram iguais aos que aconteciam aos colegas do teatro por conta dessa pressão frenética para memorizar um texto. Lembro da famosa história de um ator de teatro que copiava tudo, o Fregolente, o ator típico das histórias do Nelson Rodrigues. Ele escondia uns papéis com as falas dele nas plantas do cenário. Um dia, o contra-regra tirou todos esses papéis. Quando o Fregolente entrou em cena e percebeu, ficou passado. Ele dizia: *"Cadê a minha dália?"* Essa expressão ficou famosa no meio teatral, *"as dálias do Fregolente"*.

Até hoje se chama cola de *"dália"*, é uma gíria profissional. Mas hoje em dia, na televisão, não tem mais problema. Errou, parou, conta até dois, continua. Ao vivo, não dava para fazer a mesma coisa. E mesmo quando inventaram a gravação, se os atores erravam, era preciso começar tudo de novo, do início. Não tinha como montar as cenas só a partir de um certo ponto.

Quando eu comecei, não tinha nada disso. O ator tinha que ter sangue frio. Mesmo assim, fazer TV era muito bom. Fiz mais de trinta novelas, cada uma no seu estilo, e foi sempre muito divertido, embora seja um trabalho bastante cansativo. Se você tem um papel principal de novela, trabalha seis, sete, oito horas por dia, volta para casa e fica mais três, quatro horas decorando para o dia seguinte. Quando eu vejo uma novela hoje, fico pensando: *"Quando é que eles decoram tudo isso?"* É um massacre!

Eu mesmo não tenho um segredo para decorar os meus papéis. É uma prática que a gente vai adquirindo com os anos. No passado, cheguei a tentar memorizar meus textos ouvindo depois

de gravá-los em fitas-cassete. Nunca deu bom resultado. Assim como eu não decoro letras de música, não decoro nada ouvindo, só vendo.
Para mim, o que funciona mesmo é o método tradicional, ou seja, ir lendo, tapando o papel com as mãos, repetindo em voz alta, até aprender. Tenho uma memória fotográfica. Inclusive, quando estou no teatro, chego a "ver" a página correspondente do texto da minha fala passando na minha frente.
Quando você assume o seu personagem, ele fica incorporado, você já sabe mais ou menos o que ele diz numa determinada situação. Tem o roteiro, vem lá o capítulo que muda todo dia, mas você já sabe mais ou menos o que está dentro do estilo dele, então, não é tão difícil.
A televisão é um trabalho mais de cabeça do que de emoção, é um processo mais frio. Você não tem a pressão, a consciência dos 60 milhões de espectadores que podem estar assistindo em casa, porque eles não estão ali perto de você. Por outro lado, é muito legal quando um personagem cai no gosto do público.
Um desses que me marcou muito foi o Bidet

Lambert, de *Que Rei Sou Eu?* (1989), uma novela do meu amigo Cassiano Gabus Mendes. Quando ele me chamou para o papel, eu estranhei de cara o nome: Bidet? A partir daí, tudo o mais na história era uma grande gozação. O Bidet era o conselheiro da Marinha de um reino que não tinha mar. Era o Brasil da época da campanha do Fernando Collor para a presidência, então a sátira política caiu sob medida. O Bidet foi um personagem que entrou no coração do público. Até hoje muita gente me pára na rua e lembra o nome dele.

Cinema também é uma coisa cerebral, como a TV, mas aí você já pode jogar mais emoção, porque tem mais tempo para elaboração da cena. Mas emoção mesmo é no teatro. Porque você está na presença do público e coloca tudo lá, ao vivo. Essa proximidade dos espectadores cria uma energia diferente, porque todo dia eles são outros e o espetáculo, assim, se renova. É um jogo de altos e baixos. A gente tem que se adaptar às pessoas que vêm a cada dia. Há dias em que elas riem, reagem muito, há dias em que não. Inclusive entre atores a gente comenta brincando: *"Hoje o público está sem talento..."* Eu acho extraordinária essa evolução que a televisão teve nestes 50 anos. Porque a TV é uma coisa nossa. Aqui nós não temos dinheiro para produção de cinema em grande escala como Hollywood, para igualar essa escala gigantesca do cinema americano, que é a expressão deles no mundo inteiro. No Brasil, a novela substituiu outros tipos de entretenimento. A dramaturgia passou para a televisão. Pena que tantas emissoras que começaram a TV e eram fortes no passado, como a *Tupi*, a *Excelsior*, a *Manchete*, a *TV Rio*, acabaram. É um fenômeno, aliás, que eu acho muito estranho. Nos EUA, essas grandes emissoras, estúdios de cinema, produtoras, quase nunca fecham: *MGM, 20th Fox, Universal*, todas estão em atividade desde os anos 20 ou 30.

Em compensação, a *TV Globo*, que era pequena nos primórdios da televisão, ficou imbatível. Ela conseguiu se posicionar com seu produto, que é a dramaturgia do seriado e da novela. Possui uma estrutura muito forte, independente de quem seja o diretor-geral ou o diretor artístico.

É até bom que eles estejam partindo também para o cinema. Investindo na produção, dando lucro, garante-se trabalho para os técnicos, os atores, os roteiristas, além de fortalecer outro veículo, outra mídia.

Às vezes, eu sinto que o cinema brasileiro atual ficou um pouco sério demais, querendo fazer um levantamento das mazelas brasileiras, fazer sociologia. Acho que não é bem esse o caminho. No Brasil, temos muita essa tendência a fazer ciclos. Primeiro era o *"abacaxi"*, que era como se chamava o tipo de comédia dos tempos da *Atlântida*. Era um termo pejorativo mesmo, não sei de onde vinha, acho que era por causa de um certo tipo de figurino cheio de balangandãs, na linha da Carmem Miranda, aquela coisa com vedetes. Então, tivemos as chanchadas, o cinemão, os filmes de cangaço, o Cinema Novo, a pornochanchada. O Cinema Novo realmente inovou muito e fez coisas muito sérias. Um dos grandes filmes brasileiros para mim é *Vidas Secas*, do Nelson Pereira dos Santos. E o Cinema Novo deixou discípulos ainda hoje.

Nós estamos numa linha de descobrir o Brasil,

abordar a favela, o presídio, como em *Carandiru*, *Cidade de Deus*. Mas acho que precisamos também de outro tipo de filmes.

Para manter esse nível de crescimento que o nosso cinema está assistindo nos últimos tempos, é preciso resgatar a comédia, que é um gênero que nós brasileiros sempre soubemos fazer muito bem.

É a nossa realidade, essa malandragem, essa sátira em cima de tudo e de todos. Quando a gente caminha por esse rumo, dá certo. Não digo que seja voltar à chanchada, porque a gente vive um tempo diferente, mas encontrar formas de fazer o público se divertir.

John Herbert - Carreira

Filmes como ator

1952

Uma Pulga na Balança, de Luciano Salce
Com: Paulo Autran, Lola Brah, Waldemar Wey, Mário Sergio, Rui Afonso, Gilda Nery

1953

Floradas na Serra, de Luciano Salce
Com: Cacilda Becker, Jardel Filho, Miro Cerni, Ilka Soares, Lola Brah, Gilda Nery

1954

O Petróleo é Nosso, de Watson Macedo
Com: Violeta Ferraz, Catalano, Adelaide Chiozzio, Mary Gonçalves, Pituca

A Outra Face do Homem, de J. B. Tanko
Com: Renato Restier, Eliana
John Herbert (Prêmio Saci Ator Melhor Coadj.)

Matar ou Correr,de Carlos Manga
Com: Oscarito, Grande Otelo, Inalda de Carvalho, José Lewgoy, Wilson Grey, Julie Bardot

Se a Cidade Contasse, de Tito Batini
Com: Eva Wilma

1957
Dioguinho, de Carlos Coimbra
Com: Hélio Souto, Norma Monteiro, José Policena

Rio Fantasia, de Watson Macedo
Com: Eliana, Trio Irakitan, Renato Murce

RIO FANTASIA
roadway
TEAT
ELIANA
JOHN HERBERT
RENATO MURCE
CATALANO
TRIO IRAKITAN
ANGELA MARIA
JOÃO DIAS
PRODUÇÃO E DIREÇÃO WATSON MACEDO
cinedistri
Produtor associado: OSWALDO MASSAINI

1958

A Grande Vedete, de Watson Macedo
Com: Dercy Gonçalves, Catalano, Marina Marcel, Zezé Macedo

Alegria de Viver, de Watson Macedo
Com: Eliana, Yoná Magalhães, Augusto César Vanucci, Afonso Stuart, Trio Irakitan.

Escravos do Amor das Amazonas, de Curt Siodmak. Co-produção com EUA
Com: Don Taylor, Giana Segale, Tom Payne, Gilda Nery, Ana Maria Nabuco, Wilson Viana

E o Espetáculo Continua, de Cajado Filho e Carlos Manga
Com: Dóris Monteiro, Cyll Farney, Wilson Grey, Ítalo Rossi

1959
A Moça do Quarto 13, de Richard Cunha
Com: Brian Donlevy, Vitor Merinow, Andréa Bayard
Co-produção com EUA

Maria 38, de Watson Macedo
Com: Eliana, Catalano, Wilson Grey, Alonso Stuart

1961

Assassinato em Copacabana, de Eurides Ramos

Com: Milton Morais, Maria Petar, Mário Lago

Por um Céu de Liberdade, de Luiz Barros

Com: Zeloni, Odilon Azevedo, Lia Cortese, Delorges Caminha

1962

Copacabana Palace, de Steno

Com: Sylva Koscina, Walter Chiari, Franco Fabrizzi, Paolo Ferrari

Co-produção Brasil / Itália / França

1963

Gimba, Presidente dos Valentes, de Flávio Rangel - Com: Milton Morais, Gracinha Freyre, Oswaldo Louzada, Cyro Monteiro, Milton Gonçalves, Franco Fabrizzi, Maurício Sherman, Paulo Emílio Salles Gomes

1964

Convite ao Pecado, de Horst Haechler
Com: Helmut Lange, Erika Ramberg, Gustavo Rojo, Reinhard Koldehoff, P.P. Hatheyer
Co-produção com a Alemanha

Mulher Satânica, de Alfons Stummer
Com: Paulo Afonso, Marlene França, Astrogildo Filho, Sérgio Hingst, Helmut Schmidt, Ellen Schwiers
Co-produção com a Alemanha

1966

Toda Donzela Tem Um Pai Que é Uma Fera, de Roberto Faria
Com: Reginaldo Faria, Vera Viana, Rosana Tapajós, Milton Gonçalves, Walter Forster

As Cariocas, de Fernando de Barros, Walter Hugo Khouri e Roberto Santos
Com: Norma Bengell, Newton Prado, Walter Forster, Lílian Lemmertz, Célia Biar
Filme em três episódios

O Caso dos Irmãos Naves, de Luís Sérgio Person
Com: Anselmo Duarte, Juca de Oliveira, Raul Cortez, Sérgio Hingst, Lélia Abramo, Cacilda Lanuza.

1967

Bebel, A Garota-Propaganda, de Maurice Capovilla

Com: Rossana Ghessa, Joana Fomm, Paulo José, Geraldo del Rey, Maurício do Valle, Fernando Peixoto

O Cangaceiro Sangüinário, de Oswaldo de Oliveira

Com: Maurício do Valle, Guy Loup, Isabel Cristina, Jofre Soares, Carlos Miranda, Sérgio Hingst

1968

Helga und Ihre Manner (*Helga e seus Homens*), de Roland Cämmerer

Com: Ruth Gassman, Felix Franchy

Produção alemã filmada no Brasil

1969

Corisco, O Diabo Loiro, de Carlos Coimbra.
Com: Maurício do Valle, Leila Diniz, Geórgia Gomide, Antônio Pitanga

Corisco... com Leila Diniz

Em Cada Coração um Punhal
Filme dividido em dois episódios:
Transplante de Mãe, de Sebastião de Souza
Com: Etty Fraser, Liana Duval
Filho da TV, de João Batista de Andrade
Com: Joana Fomm

Compasso de Espera, de Antunes Filho
Com: Zózimo Bulbul, Renée de Vielmond, Karin Rodrigues, Stênio Garcia, Antônio Pitanga, Léa Garcia, Flávio Porto

1970

Palácio dos Anjos, de Walter Hugo Khouri
Com: Alberto Ruschel, Pedro Paulo Hatheyer, Geneviève Grad, Adriana Prieto, Rossana Ghessa, Miriam Mayo
Co-produção Brasil / França

A Arte de Amar Bem, de Fernando de Barros
Com: Iris Bruzzi, Walter Forster, Newton Prado, Durval de Souza

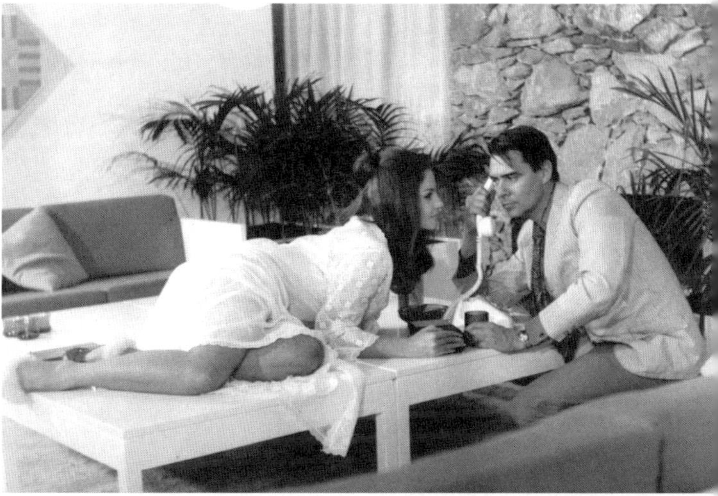

Cléo e Daniel, de Roberto Freire
Com: Irene Stefânia, Rodrigo Santiago, Myriam Muniz, Sônia Braga, Chico Aragão, Sady Cabral, Lélia Abramo

1971
O Capitão Bandeira contra o Dr. Moura Brasil, de Antônio Calmon
Com: Cláudio Marzo, Hugo Carvana, Paulo César Pereio, Dina Sfat, Sônia Braga, Maria Gladys, Otávio Augusto

1973
A Santa Donzela, de Lauro César Muniz
Com: Plínio Marcos, Wanda Stefânia, Jofre Soares, Jonas Bloch, Liana Duval, Sérgio Hingst

A Superfêmea, de Aníbal Massaini Neto
Com: Vera Fischer, Perry Salles, Walter Stuart, Adoniran Barbosa, Sílvio de Abreu, Sérgio Hingst, Geórgia Gomide, Ivete Bonfá, Ibrahim Sued

1974
As Delícias da Vida, de Maurício Rittner
Com: Vera Fischer, Perry Salles, Bete Mendes, Ewerton de Castro, Selma Egrei, Chacrinha, Walter D'Ávila

1975
Cada Um Dá o Que Tem, de Adriano Stuart, Sílvio de Abreu e John Herbert
Com: Eva Wilma, Alcione Mazzeo, Ewerton de Castro, Luiz Carlos Mièle
Filme em três episódios

1976

O Sexo Mora ao Lado, de Ody Fraga
Com: Jussara Freire, Geórgia Gomide, Ricardo Picchi, Roberto Bolant

O Quarto da Viúva, de Sebastião de Souza
Com: Nuno Leal Maia, Meire Vieira, José Lewgoy, Genésio Carvalho, Isaura Bruno, Sady Cabral, Older Cazarré, Sérgio Hingst

Já Não se Faz Amor Como Antigamente, de Anselmo Duarte, John Herbert e Adriano Stuart

Com: Anselmo Duarte, Lucélia Santos, Ivete Bonfá, Laura Cardoso, Vera Gimenez, Chacrinha, Nádia Lippi, Hélio Souto, Alcione Mazzeo, Matilde Mastrangi
Filme em três episódios

1978
O Bem-Dotado – O Homem de Itu, de José Miziara
Com: Nuno Leal Maia, Helena Ramos, Consuelo Leandro, Aldine Müller, Paulo Goulart, Fúlvio Stefanini, Maria Luiza Castelli

Meus Homens, Meus Amores, de José Miziara
Com: Rosemary, Sílvia Salgado, Roberto Maya, Neuza Amaral, Arlete Montenegro, Marcelo Coutinho

1979

O Caçador de Esmeraldas, de Oswaldo de Oliveira
Com: Tarcísio Meira, Glória Menezes, Roberto Bonfim, Dionísio de Azevedo, Jofre Soares, Maurício do Valle, Arduíno Colassanti, Nídia de Paula, Herson Capri

O Inseto do Amor, de Fauze Mansur
Com: Helena Ramos, Angelina Muniz, Jofre Soares, Lola Brah, Rossana Ghessa, Henriqueta Brieba, Marcos Plonka

O Torturador, de Antônio Calmon
Com: Jece Valadão, Vera Gimenez, Otávio Augusto, Paulo Villaça, Maria Pompeu, Ary Fontoura, Moacir Deriquén

1980

Ariella, de John Herbert

Com: Nicole Puzzi, Christiane Torloni, Herson Capri, Laura Cardoso, Sérgio Hingst, Lúcia Verissimo

1981

Bacanal, de Antônio Meliande

Com: Aldine Müller, Jofre Soares, Patrícia Scalvi, José Carlos Sanches

O Gosto do Pecado, de Cláudio Cunha

Com: Jardel Melo, Simone Carvalho, Maria Lúcia Dahl, Fábio Villalonga, Maiara de Castro

1982

Tessa, A Gata, de John Herbert

Com: Nicole Puzzi, Patrícia Scalvi, Zaira Bueno, Carlos Kroeber, Chico de Franco, Walter Forster, Rita Cadillac, Arlete Montenegro, Jacques Lagoa

Amor de Perversão, de Alfredo Sternheim

Com: Raul Cortez, Paulo Guarnieri, Alvamar

Taddei, Leonardo Villar, Norma Blum, Tássia Camargo, Antônio Petrin

1983

Retrato Falado de Uma Mulher Sem Pudor, de Hélio Porto - Com: Monique Lafond, Fúlvio Stefanini, Nicole Puzzi, Paulo César Pereio, Jonas Bloch, Imara Reis

Deu Veado na Cabeça, de J. B. Rodrigues
Com: Lígia de Paula, Juca de Oliveira, Sérgio Hingst

Made in Brazil, de Renato Pitta, Carlos

Nacimbeni e Francisco Magaldi
Com: Célia Coutinho, Sérgio Mamberti, Vanessa, Wilza Carla, Genival Lacerda
Comédia em três episódios

Made in Brazil, com Lineu Dias e Sérgio Mamberti

Jeitosa, Um Assunto Muito Particular, de Nello de Rossi
Com: Lúcia Veríssimo, Hugo della Santa, Norma Blum, Paulo Porto Alegre
John Herbert (Prêmio APCA Melhor Ator)

1984

Os Bons Tempos Voltaram – Vamos Gozar Outra Vez, de Ivan Cardoso e John Herbert
Com: Carla Camuratti, Vanessa, Paulo César Grande, José Lewgoy, Consuelo Leandro, Marcos Frota, Zezé Macedo
Filme em dois episódios
As Aventuras de Mário Fofoca, de Adriano Stuart
Com: Luís Gustavo, Sandra Bréa, Walter Stuart, Júlia Lemmertz, Suzana Vieira, Antônio Fagundes, Maria Luiza Castelli, Mila Moreira

1985

As Sete Vampiras, de Ivan Cardoso
Com: Simone Carvalho, Nuno Leal Maia, Lucélia Santos, Andréa Beltrão, Tânia Bôscoli, Colé, Benê Nunes, Nicole Puzzi

1986

A Menina do Lado, de Alberto Salvá
Com: Reginaldo Faria, Débora Duarte, Sérgio Mamberti, Tânia Scher, Lídia Matos, Adriano Reys

1990

Forever, de Walter Hugo Khouri

Com: Ben Gazzara, Ana Paula Arósio, Eva Grimaldi, Corine Cléry, Vera Fischer, Cecil Thiré, Cláudio Cury

Co-produção Brasil / Itália / França

1997

A Hora Mágica, de Guilherme de Almeida Prado

Com: Júlia Lemmertz, Raul Gazolla, José Lewgoy, Walter Breda, Imara Reis, Maitê Proença, Tânia Alves, Matilde Mastrangi, David Cardoso

Filmes como diretor

1959

A Moça do Quarto 13 – assistente de direção

1975

Cada Um Dá o que Tem – direção do episódio *Cartão de Crédito*

1976

Já Não se Faz Amor Como Antigamente – direção do episódio *O Noivo*

1980

Ariella

1982

Tessa, A Gata

1984

Os Bons Tempos Voltaram – Vamos Gozar Outra Vez – direção do episódio *Primeiro de Abril*

Filmes como ator e diretor

1980

Ariella

1982

Tessa, A Gata

1984

Os Bons Tempos Voltaram – Vamos Gozar Outra Vez – direção do episódio *Primeiro de Abril*

Filme como ator e produtor

1966

Toda Donzela Tem Um Pai que é Uma Fera

Filme como ator, diretor e produtor

1975

Cada Um Dá o que Tem – episódio *Cartão de Crédito*

Novelas como ator

1964/1965

Prisioneiro de um Sonho, de Roberto Freire
TV Record

1965

Fatalidade, de Oduvaldo Viana - TV Tupi

Comédia Carioca, de Carlos Heitor Cony
TV Record

1965/1966
Ana Maria Meu Amor, de Alves Teixeira
TV Tupi

1967
Angústia de Amar, de Dora Cavalcanti
TV Tupi

1968/1969
Beto Rockfeller, de Bráulio Pedroso
TV Tupi

1972/1973
A Revolta dos Anjos, de Carmem Silva
TV Tupi

1973/1974
Divinas & Maravilhosas, de Vicente Sesso
TV Tupi

1974/1975
O Machão, de Sérgio Jockyman
TV Tupi

1975
O Sheik de Ipanema, de Sérgio Jockyman
TV Tupi

1977/1978
O Profeta, de Ivani Ribeiro
TV Tupi

1979

Aritana, de Ivani Ribeiro
TV Tupi

Gaivotas, de Jorge Andrade
Última novela na TV Tupi

1980

Água Viva, de Gilberto Braga
TV Globo

1980/1981

Plumas & Paetês, de Cassiano Gabus Mendes
TV Globo

1982

O Homem Proibido, de Teixeira Filho
TV Globo

Os Imigrantes – 3ª Geração, de Renata Pallottini e Wilson Aguiar Filho
TV Bandeirantes

1983

Maçã do Amor, de Wilson Aguiar Filho

TV Bandeirantes

1984/1985

Vereda Tropical, de Carlos Lombardi e Sílvio de Abreu

TV Globo

1985/1986

Ti-Ti-Ti, de Cassiano Gabus Mendes

TV Globo

1989

Que Rei Sou Eu?, de Cassiano Gabus Mendes
TV Globo

1990/1991

Lua Cheia de Amor, de Ana Maria Moretzsohn, Ricardo Linhares e Maria Carmem Barbosa - TV Globo

Lua Cheia... com Francisco Cuoco e Marília Pêra

1992

Perigosas Peruas, de Carlos Lombardi e Lauro

César Muniz - TV Globo

1993

O Mapa da Mina, de Cassiano Gabus Mendes

TV Globo

1994

A Viagem, de Ivani Ribeiro

TV Globo

1998

Por Amor, de Manoel Carlos

TV Globo

Serras Azuis, de Ana Maria Moretzsohn

TV Bandeirantes

2000/2001
Uga-Uga, de Carlos Lombardi
TV Globo

2002/2003
Esperança, de Benedito Ruy Barbosa
TV Globo

2004
Cabocla, de Benedito Ruy Barbosa
TV Globo

Seriados

1954
Alô Doçura, de Cassiano Gabus Mendes
TV Tupi (ficou no ar até 1964)

1982
Quem Ama Não Mata, direção: Daniel Filho
TV Globo

1984
Casal 80, de Sérgio Jockyman

Com: Célia Helena, Mayara Magri e Arthur Leivas - TV Bandeirantes

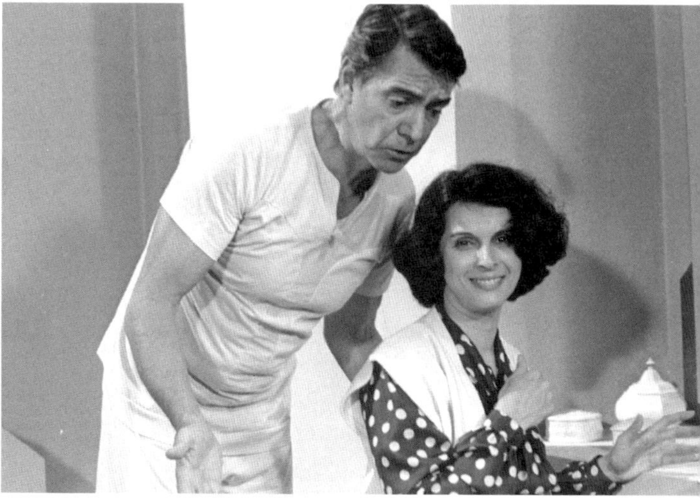

1995/1997

Malhação - TV Globo - Projeto: Roberto Talma Direção: Flávio Colatrello, Leandro Néri

1997

Você Decide. Episódio: O Intruso, direção: Ary Coslov - TV Globo

1999

Malhação (capítulo 1000) - TV Globo

Santo de Casa, de Walter Lima Jr
TV Bandeirantes

Mulher, direção: Mário Márcio Bandara
TV Globo

Minisséries

1986
Anos Dourados, de Gilberto Braga
TV Globo

1999
Chiquinha Gonzaga, de Lauro César Muniz
TV Globo

2001/2002
O Quinto dos Infernos, de Carlos Lombardi
TV Globo

Teleteatros

1952 - TV Tupi

1953 - TV Record
Direção: Graça Mello e Miroel Silveira.

1987
Luz, Câmera, Ação, de Alberto Salvá
Direção: Cláudio McDowell

Programas humorísticos

1987
Senti Firmeza, com Oswaldo Loureiro
TV Bandeirantes

1999/2000
Zorra Total, direção: Maurício Sherman
TV Globo

Piloto de série

1999
D'Artagnan e os Três Mosqueteiros - TV Globo
Direção: Roberto Talma - Com: Pedro Vasconcellos, Marcelo Faria, Cláudio Heinrich, Thierry Figueira (não foi ao ar)

2003

Esquete sobre os 450 anos de São Paulo

Direção: Antônio Calmon

TV Globo

Como ator e diretor

1984

Casal 80

Como diretor

1973

A Volta de Beto Rockfeller, de Bráulio Pedroso

TV Tupi

Créditos das fotografias

Todas as fotos pertencem ao acervo de John Herbert

Bibliografia consultada

Astros e Estrelas do Cinema Brasileiro – Dicionário de Atores e Atrizes - Antônio Leão da Silva Neto. Edições Loyola, 1998.

Dicionário de Cineastas Brasileiros - Luiz Felipe Miranda. Art Editora Ltda/Secretaria de Estado da Cultura, 1990.

Dicionário de Cineastas - Rubens Ewald Filho. Companhia Editora Nacional, 2002.

Dicionário de Cinema – Os Diretores - Jean Tulard. L&PM, 1996.

Dicionário de Filmes Brasileiros - Antônio Leão da Silva Neto. Futuro Mundo Gráfica e Editora, 2002.

Dictionnaire du Cinéma - Jean-Loup Passek (coord.). Larrousse, 1995.

Enciclopédia do Cinema Brasileiro
Fernão Ramos e Luiz Felipe Miranda (organizadores). Editora Senac, 2000.

Memória da Telenovela Brasileira
Ismael Fernandes. Editora Brasiliense, 1997.

A Negação do Brasil - Joel Zito Araújo. Ed. Senac, 2000.

Salas de Cinema em São Paulo - Inimá Simões. Secretaria Municipal de Cultura/Secretaria de Estado da Cultura/ PW Gráficos e Editores Associados, 1990.

The Film Encyclopedia - Ephraim Katz. Harper Collins, 1994.

fotolito, impressão e acabamento

imprensaoficial

Rua da Mooca, 1921 São Paulo SP
Fones: 6099-9800 - 0800 123401
www.imprensaoficial.com.br